古典文獻研究輯刊

三四編

潘美月・杜潔祥 主編

第31冊

陳景雲《文選舉正》疏證
（第十冊）

范志新 著

國家圖書館出版品預行編目資料

陳景雲《文選舉正》疏證（第十冊）／范志新 著 -- 初版 --
新北市：花木蘭文化事業有限公司，2022〔民111〕
目 2+218 面；19×26 公分
（古典文獻研究輯刊 三四編；第 31 冊）
ISBN 978-986-518-886-3（精裝）
1.CST：文選舉正 2.CST：文選學 3.CST：文學評論
011.08   110022685

ISBN-978-986-518-886-3

古典文獻研究輯刊
三四編　第三一冊　　　　　　ISBN：978-986-518-886-3

陳景雲《文選舉正》疏證（第十冊）

作　　者	范志新
主　　編	潘美月、杜潔祥
總 編 輯	杜潔祥
副總編輯	楊嘉樂
編輯主任	許郁翎
編　　輯	張雅淋、潘玟靜、劉子瑄　美術編輯　陳逸婷
出　　版	花木蘭文化事業有限公司
發 行 人	高小娟
聯絡地址	235 新北市中和區中安街七二號十三樓
	電話：02-2923-1455／傳真：02-2923-1452
網　　址	http://www.huamulan.tw 信箱 service@huamulans.com
印　　刷	普羅文化出版廣告事業
初　　版	2022 年 3 月
定　　價	三四編 51 冊（精裝）台幣 130,000 元

陳景雲《文選舉正》疏證
（第十冊）

范志新　著

目

次

文選卷五十五

廣絕交論一首　劉孝標

題下注：劉璠《梁典》曰：劉溉見其論，抵几於地。

【陳校】

　　注「劉溉」。「劉」，「到」誤。

【集說】

　　余氏《音義》曰：「劉溉」。「劉」，何改「到」。

　　梁氏《旁證》曰：毛本「到」，誤作「劉」。

【疏證】

　　奎本、明州本省作「善注同」。翰注作「到」。贛本、尤本、建本作「到」。謹案：《南史》、《通志·任昉傳》、《古今事文類聚》前集卷二十四並作「到溉」。《冊府元龜》卷九百二十六承上省去「到」字，宋·李壁《王荊公詩注·陳動之秘丞挽詞二首》「西華豈易依」注引則亦誤「劉溉」，頗疑毛本之誤，或因涉上、形近而誤，或有從誤本者。陳、何當從《南史》、尤本等正之。

且心同琴瑟　注：曹子建《王仲宣誄》曰：好合琴瑟。

【陳校】

　　注「好合琴瑟」。「合」，「和」誤。

【疏證】

　　奎本以下諸六臣合注本、尤本悉作「和」。謹案：曹《誄》載在本書，正作「和」，嘉定本《曹子建集》載此《誄》，同。《藝文類聚》卷八十一載曹植《宜男花頌》，亦有「好和琴瑟」句。毛本涉上引《毛詩》而誤，陳校當從本書內證、尤本等正之。

婉變於塤箎　　注：班固《漢書贊》曰：婉變董公。

【陳校】

　　注「《漢書贊》」。「贊」，「述」誤。

【集說】

　　胡氏《考異》曰：注「班固《漢書贊》曰。」陳曰云云。是也。各本皆誤。

　　梁氏《旁證》曰：陳校「贊」改「述」。各本皆誤。

【疏證】

　　奎本以下諸六臣合注本、尤本悉同。謹案：語見《漢書敘傳・述哀紀》，正為「述」，本書陸士衡《於承明作與士龍》「婉變居人思」注同，最是。而陸士衡《弔魏武帝文》「然而婉變房闥之內」注又作「《漢書・哀紀述》」，字序有異，至陸士衡《漢高祖功臣頌》「婉變我皇」注則作「《漢書・孝哀紀》」，是脫一「述」矣。毛本誤從尤本等，陳校當從《漢書》、本書內證等正之。

范張歘歘於下泉　　注：司馬遷《書》曰：試欲効其歘歘之愚。王仲宣《七哀詩》曰：悟彼下泉人。

【陳校】

　　注「試欲効其」。「試」，「誠」誤。又，「悟彼下泉人。」按：孝標所云「下泉」，猶黃泉耳。與仲宣引《下泉》之詩，其義迥殊。注誤。

【集說】

　　胡氏《考異》曰：注「試欲効其款款之愚。」陳云：「試，誠誤。」是也，各本皆譌。

　　梁氏《旁證》曰：陳校「試」改「誠」。各本皆誤。

【疏證】

奎本、明州本、尤本、建本誤「試」，贛本作「誠」。謹案：語見《漢書·司馬遷傳》，正作「誠」字，《通志》同。子長《報任少卿書》，正載本書，亦同。贛本獨是。毛本誤從尤、建二本等，陳校當從贛本、本書內證等正之。王仲宣《七哀詩》載在本書，「悟彼下泉人」下，善注援「《毛詩序》曰：『《下泉》，思治也。曹人思明王賢伯也。』」義在「思治」，劉《論》則謂「黃泉」，即泉下耳。二者義固迥殊。陳校是也。

主人忻然而笑曰　注：《上林賦》曰：亡是公忻然而笑。

【陳校】

注「忻然」。「忻」，「听」誤。

【集說】

胡氏《箋證》曰：六臣本「忻」作「听」，是也。注引《上林賦》可證。此正文及注並誤。

【疏證】

奎本以下諸六臣合注本、尤本悉作「听」，同正文。謹案：五臣亦作「听」，向注可證。《上林賦》載在本書，正作「听」，《史》、《漢·司馬相如傳》並同。毛本傳寫獨因形近而誤，陳校當從本書內證、尤本等正之。參上《吳都賦》「嚇然而咍」條。

未達燥溼變響　注：《韓詩外傳》曰：趙遣使於楚。臨武，趙王謂之曰。

【陳校】

注「臨武」。「武」，「去」誤。

【疏證】

奎本以下諸六臣合注本、尤本悉作「去」。謹案：事見《韓詩外傳》卷七，今本無「臨去」字，李善所見本或有。《說苑·奉使》亦載其事，而未見「臨去」字，然明·董斯張《廣博物志》卷三十四轉載《說苑》正作「臨去」（出處，董《志》刻工偶脫，然據其體例可推得係出《說苑》）。按上下文義，既用「臨」字，下自當作「去」為宜。毛本傳寫蓋涉《外傳》屢見「臨武字」而譌，

陳校當從上下文義、尤本等正之。

龍驤蠖屈　注：蠖屈，已見潘正叔《贈王沅沉詩》。

【陳校】

　　注「王沅沉詩」。「沅」，「元」誤、「沉」，「既」誤。

【集說】

　　顧按：「沉」，即「既」字。

【疏證】

　　奎本、明州本、尤本作「元沉」。贛本、建本複出，未見引。謹案：潘詩載在本書，題作「元既」。「沉」與「既」通。《國語・魯語下》：「君以諸侯之故。沉使臣以大禮」韋昭注：「沉，賜也。」《說文通訓定聲・壯部》：「沉，叚借為既。」皆其證。毛本「沅」誤，蓋因音近；作「沉」則從尤本，不誤。陳校當從尤本等，改「元」是，改「沉」，則非，亦疏於通假之故耳。

顯棣華之微旨　注：《論語》曰：棠棣之華，偏其反而。何晏曰：逸《詩》也。棠棣之華，反而後合。

【陳校】

　　注兩「棠棣」之「棠」，並「唐」誤。

【集說】

　　胡氏《考異》曰：注「棠棣之華。」茶陵本「棠」，作「唐」，下同。是也。袁本亦誤「棠」。何、陳校「棠」改「唐」。

　　梁氏《旁證》曰：六臣本「棠」作「唐」，下同。何、陳據改。按：《春秋繁露・竹林》第三篇引亦作「棠」。

【疏證】

　　奎本、尤本同。明州本、贛本、建本作「唐」。謹案：語見《論語注疏・子罕》，正作「唐」。「唐棣」兩句，本是逸《詩》，首見《論語》。作「棠」者，如董仲舒《春秋繁露・竹林》。善注既引《論語》，則自當以作「唐」為是。雖不可必《論語》本無有作「棠」者，然兩棣本是二物，不得不釐辨焉。毛本誤從尤本，陳校當從贛本、《論語》等正之。

鑪捶萬物　注：李頤《莊子音義》曰：捶排口鐵，以灼火也。

【陳校】

　　注「排口鐵」。「口」字，有誤。

【疏證】

　　奎本以下諸六臣合注本、尤本悉同。謹案：毛本蓋從尤本等，未知陳校所據。《莊子·大宗師》「其知皆在鑪捶之間耳」郭象注：「錘鷗頭頗口句鐵，以吹火也。」《經典釋文·莊子音義·大宗師》：「鑪捶。捶，本又作錘。李云：『錘鷗頭頗口句鐵，以吹火也。』」陳校或是。俟考。

高門旦開　注：高門，也見《辨命論》。

【陳校】

　　注「高門，也。」「也」，「已」誤。

【疏證】

　　奎本、明州本、尤本作「已」。贛本、建本複出。謹案：毛本當從尤本而傳寫因形近而誤，陳校當從尤本、本書內證等正之。其實早在《蜀都賦》「高門納馴」注已引「《漢書》：于公高其門，使容駟馬高蓋」云云，當作「已見《蜀都賦》」耳。

則有窮巷之賓　注：《漢書》曰：陳平家貧，負廓窮巷。

【陳校】

　　注「負廓」。「廓」，「郭」誤。

【疏證】

　　奎本以下諸六臣合注本、尤本悉作「郭」。謹案：事見《漢書·陳平傳》，正作「郭」，《太平御覽》卷一百八十二、卷一百九十五、卷五百四十一、卷七百七十六引同。《史記·陳丞相世家》亦同。然「廓」與「郭」通。外城也。《釋名·釋宮室》：「郭，廓也。廓落，在城外也。」《孟子·公孫丑下》「三里之城，城七里之郭。」並其證。然則，毛本自有來歷，陳校不改也得。

分雁鶩之稻粱　注：魯連子曰：君䳡鶩有餘粟。《韓詩外傳》：田饒謂魯哀公曰：黃鵠止君園池，喙君稻粱。

【陳校】

「分雁鶩之稻粱。」「鶩」，「鶩」誤。又注「喙君」。「喙」，「啄」誤。

【疏證】

奎本以下諸六臣合注本、尤本悉作「鶩」、「啄」。謹案：「魯連子」語，亦見《韓詩外傳》卷七「宋燕相齊」、《說苑·尊賢》、《長短經·論士》，並從「鳥」。觀注作「鶩」，又「雁鶩」並稱，似亦當從「鳥」，不從「馬」。然「鶩」、「鶩」相通，已見《四子講德論》「往來馳鶩」條。陳校非也。田饒語，見《韓詩外傳》卷二「伊尹去夏」條，正作「啄」，《藝文類聚》卷九十、卷九十一，《太平御覽》卷二百四、卷九百十六引並同。《新序·雜事》亦作「啄」。毛本獨因形近而誤，陳校當從《韓詩外傳》、尤本等正之。

郭有道人倫東國　注：范曄《後漢書》曰：林宗雖善倫人，不為危言覈論。

【陳校】

注「倫人」二字，當乙。

【集說】

許氏《筆記》曰：注「林宗雖善人倫。」妄人改作「（論）［倫］人」，是未見《後漢書》者也。《許劭傳》亦云「好人倫」。嘉德案：六臣茶陵本作「人倫」，不誤。

【疏證】

奎本以下諸六臣合注本、尤本悉作「人倫」。謹案：事見《後漢書·郭太傳》，正作「人倫」。《通志·郭太傳》、《蒙求集註》卷下「林宗折巾」、《冊府元龜》卷七百八十九引、《白孔六帖》卷二十二「坐晦跡」注亦作「人倫」。毛本獨倒，陳校當從正文、《後漢書》、尤本等正之。郭泰，字林宗，范曄諱其父名，因稱郭字也。

加以頯頤蹙額　注：《解嘲》曰：蔡澤頯頤折頞。

【陳校】

注「折頞」。「頞」，「頞」誤。

【疏證】

　　奎本以下諸六臣合注本、尤本悉作「頟」。謹案：《解嘲》載在本書，正作「頟」，《漢書·揚雄傳》、《太平御覽》卷三百六十七、《冊府元龜》卷七百六十九同。毛本正文已因形近誤「額」，注亦同之。陳校當從本書內證、尤本等正之。

縱碧雞之雄辯　注：馬衍《與鄧禹書》曰：衍以為寫神輸意，則聊成之說，碧雞之辯，不足難也。

【陳校】

　　注「聊成」。「成」，「城」誤。

【疏證】

　　奎本以下諸六臣合注本、尤本悉作「城」。謹案：「聊城之說」，蓋謂魯連下聊城事，見《史記·魯仲連列傳》。毛本傳寫而誤，陳校當從《史記》、尤本等正之。

綴河上之悲曲　注：《吳越春秋》曰：子胥曰：瀨下之水，回復俱留。

【陳校】

　　注「回復俱留。」「留」，「流」誤。

【疏證】

　　奎本以下諸六臣合注本、尤本悉作「流」。謹案：事見《吳越春秋·闔閭內傳》，作「因復俱流。」然留與流通。《莊子·天地》「留動而生物，物成生理。」釋文：「留，或作流。」《馬王堆漢墓帛書·本伐》「是以方行不留」，《淮南子·主術》作「常一而不邪，方行而不流。」《說文通訓定聲·孚部》：「留，叚借為流。」然則，毛本非誤，陳校不必定從《吳越春秋》、尤本等改也。

是以伍員濯溉於宰嚭，張王撫翼於陳相，是曰窮交　注：言宰嚭由伍員濯溉而榮顯　注：《毛詩》曰：可以濯溉。毛萇詩曰：溉，灌也。

【陳校】

　　注引四人事，祇取其困急相依，作窮交之證耳。「譖員」、「襲耳」之注誤贅。後引《史記》「闔廬」一條同。尤「毛萇詩」下，脫「傳」字。

【集說】

胡氏《考異》曰：注「毛萇詩曰。」何校「詩」下，添「傳」字，陳同。各本皆脫。

姚氏《筆記》曰：陳少章云：「引四人事，祗取其困急相依，作『窮交』之證耳。「語員」、「襲耳」之注似贅。後引《史記》一條同。」

【疏證】

奎本、明州本、尤本、建本脫同，獨贛本有「傳」字。謹案：語見《毛詩注疏·大雅·泂酌》，云：「可以濯溉」《傳》：「溉，清也。」毛本脫，蓋誤從尤、建二本等。今本之釋作「清」，與善注異文，然同為毛《傳》，本無疑問。依善兼引《毛詩》經傳，於傳例用簡稱，故當但刪去「毛萇」下「詩」字，陳、何校從贛本，亦非。陳校所及「語員」、「襲耳」、「闔廬」之注，並見本條善注，文長不錄。此陳據以謂善注不知持擇、剪裁之失。陳校有其合理成分，頗可為今日注家借鑒。

秉纖繡　注：《尚書》曰：厥篚織繡

【陳校】

注「織繡」。「織」，「纖」誤。

【集說】

胡氏《考異》曰：注「厥篚織繡。」何校「織」改「纖」，陳同。是也，各本皆誤。

梁氏《旁證》同胡氏《考異》。

【疏證】

明州本、贛本、尤本、建本誤「織」。奎本作「纖」。謹案：語見《尚書·夏書·禹貢》，字正作「纖」，《藝文類聚》卷六、《初學記》卷二十、《太平御覽》卷七百六十、《冊府元龜》卷四百八十七並同。毛本當誤從尤、建二本等，陳、何當從正文、《尚書》等正之。

曾史蘭薰雪白　注：《魏都賦》曰：信陵之名蘭芬也

【陳校】

注「信陵之名蘭芬」。「名」下，脫「若」字。

【集說】

胡氏《考異》曰：注「信陵之名蘭芬也。」何校「蘭」上，添「若」字，陳同。是也，各本皆脫。

梁氏《旁證》同胡氏《考異》。

【疏證】

奎本以下諸六臣合注本、尤本脫同。謹案：《魏都賦》載在本書，「蘭」上正有「若」字。《古今事文類聚》續集卷二、本書沈休文《齊故安陸昭王碑文》「蘭桂有芬」注引亦有「若」字。毛本當誤從尤、建二本等，陳、何當從本書內證補正。

何所見之晚乎　注：《穀梁傳》曰：王城下，然後知何知之晚也。

【陳校】

注「王城」。「王」，「至」誤。

【疏證】

奎本、明州本、建本誤同。贛本、尤本作「至」。謹案：《春秋穀梁注疏·文公十四年》正作「至」字，宋·呂本中《春秋集解·文公十有四年》引《穀梁傳》同。毛本當誤從建本等，陳校當從《穀梁傳》、尤本等正之。

故王丹威子以櫃楚　注：《禮記》曰：夏、楚二物收其威也。鄭玄曰：夏，榎也。楚，荊也。夏，與榎，古今字也。

【陳校】

注「夏與榎。」「榎」，「櫃」誤。

【集說】

薛氏《疏證》曰：潘安仁《馬汧督誄》「考訊吏兵以櫃楚之辭連之」注：「《禮記》曰：『夏、楚二物，以收其威。』鄭玄曰：『夏，榎也。楚，荊也。』夏與櫃古今字通。《爾雅·釋木》：「榎，山榎」郭注云：「今之山楸。」《釋文》云：「榎，舍人本又作櫃。」《說文》有「櫃」無「榎」，「櫃」字下云：「楸也。」蓋「櫃」是本字，「夏」乃音近假借字。若「榎」，則後出字耳。

【疏證】

奎本、尤本「檟」。明州本、贛本、建本作「榎」。謹案:《說文·木部》:「檟,楸也。」段注:「《釋木》:『槐小葉曰榎。』郭云:『槐,當為楸,楸細葉者為榎。』按:榎者,檟之或字。《左傳》、《孟子》作檟。《爾雅》別言之,許渾言之。」「榎」與「檟」通,段、薛二家考皆是,然正文既為「檟」,此注自不得作「榎」,否則不相應矣,況本書潘安仁《馬汧督誄》「考訊吏兵,以檟楚之辭連之」注正作「檟」哉。毛本當誤從建本等,陳校當從本書內證、正文及尤本等正之。

翦拂使其長鳴　注:(《戰國策》)又汗明說春申君曰:伯樂遭之……驥於是仰而明者……今僕居鄙俗之日久矣,君獨無湔拔僕也。湔拔、翦拂,音義同也。長鳴,已見劉琨《答盧諶詩》。

【陳校】

注「仰而明」。「明」,「鳴」誤。又「湔拔」。「拔」,「祓」誤。下同。又「盧諶」。「諶」,「諶」誤。

【集說】

余氏《音義》曰:「仰而明」。「明」,何改「鳴」。

【疏證】

奎本、明州本作「鳴」、「祓」、「諶」。贛本、建本作「鳴」、「拔」、脫「長鳴,已見劉琨《答盧諶詩》」十字。尤本作「鳴」、「拔」、「諶」。謹案:《戰國策》,見《楚策四》作「鳴」、「湔拔」。姚弘本作「拔」。按《廣雅·釋詁三》:「抈,拔也」,同篇又云:「拂,拔也。」王念孫《疏證》:「拂,猶抈也。《大雅·生民篇》:『茀厥豐草。』《韓詩》作『拂』,是拂為拔也。」又,此與善注云「拔、拂音義同」正相合。然則,毛本從尤、建二本等作「拔」不誤,陳不必改。「明與鳴,古字通」,已見上揚子雲《羽獵賦》「嘄嘄昆鳴」條引本書陸士衡《擬古詩十二首·擬今日良宴會》「譬彼伺晨鳥,揚聲當及旦」善注,且該條陳校亦云「明、鳴,蓋古字通」,陳氏偶失照應矣。然則,毛本亦不誤,陳亦不必改。惟「諶」字,劉詩載在本書,正作「諶」字,毛本獨因形近而誤,陳、何校當據尤本等正之耳。

門罕漬酒之彥　注：謝承《後漢書》曰：（徐稚）……有死喪，負笈赴弔……輟酒畢，留謁即去，不見喪主。

【陳校】

　　注「輟酒」。「輟」，「醊」誤。

【疏證】

　　奎本、明州本、贛本、尤本作「醊」。建本作「啜」。謹案：《北堂書鈔》卷八十九「雞酒薄祭」注附、卷一百四十五「徐稚裏雞炙」注、《後漢書・徐稚傳》章懷注並作「釃」，清・姚之駰《後漢書補逸》卷十二引謝《書》則作「酹」。皆得。毛本傳寫而誤，建本亦非。陳校當從《後漢書》、尤本等正之。

藐爾諸孤　注：《左氏傳》：晉獻云曰：以是藐諸孤。

【陳校】

　　注「晉獻云」。「云」，「公」誤。

【疏證】

　　奎本以下諸六臣合注本、尤本悉作「公」。謹案：事見《春秋左傳注疏・僖公九年》，正晉獻公語，《太平御覽》卷四百一十八同。本書潘安仁《寡婦賦》「孤女藐焉始孩」注、謝玄暉《齊敬皇后哀策文》「方年沖藐」注引並作「公」。毛本等傳寫形近而誤，陳校當從《左傳》、本書內證、尤本等正之。

自昔把臂之英　注：此謂劉洽兄弟也。劉孝標《與諸弟書》曰：任既假以吹噓，各登清貴。……平原劉峻，……乃廣朱公叔《絕交論》焉。《孔叢子》曰：邱成子自魯聘晉，過于衛，右宰穀臣止而觴之……右宰穀臣死之。

【陳校】

　　注「謂劉洽」。「劉」，「到」誤。又「各登清貴。」「貴」，「貫」誤。「朱公叔」。「朱」，「朱」誤。「右宰穀臣」。「穀」，「穀」誤。

【集說】

　　余氏《音義》曰：「劉洽」，六臣「劉」作「到」。「宰穀」。「穀」，何改「穀」，曰：「下宰穀，同。」

　　顧按：「穀」，即「穀」字。

胡氏《考異》曰：注「劉孝標《與諸弟書》曰。」案：「標」，當作「綽」。各本皆誤。本傳云「孝綽諸弟時隨藩，皆在荊雍。乃與書論共洽不平者十事。其辭皆鄙到氏」云云。此所引即其一事也。孝綽，彭城人，故下稱「孝標」云「平原劉峻」，不知者妄改，絕無可通。

張氏《膠言》曰：注「此謂到洽兄弟也。劉孝標《與諸弟書》」云云。胡中丞云：「標，當作綽」云云。

梁氏《旁證》曰：毛本「到」誤作「劉」。林先生曰：「《梁書·到洽》本傳：任昉有知人之鑒。與洽兄沼、溉竝善。嘗訪洽於田舍，見之，歎曰：『此子日下無雙。』遂申拜親之禮。」又曰：胡公《考異》曰：「標，當作綽……絕無可通。」又曰：注「右宰轂臣」。余校：「轂改穀。下同。」《呂氏春秋·觀表篇》亦作「穀」。

姚氏《筆記》曰：按：孝標，孝綽之譌。《南史》言孝綽與諸弟論共洽不平者十事，疑即善所引。注引《孔叢子》。亦見《呂覽·觀表篇》。

許氏《筆記》曰：注「此謂劉洽兄弟」。妄人改為「劉洽」。何以知為妄人所改？以題下注「到溉見其論」，亦改作「劉溉」，且「到」字、「劉」字筆劃多少懸殊，知非無心傳寫之誤矣。嘉德案：各本多譌「劉洽」，茶陵本作「到」，猶存原注也。又注「劉孝標《與諸弟書》曰」。「標」，當作「綽」。胡云：「本傳云：『孝綽諸弟，時隨藩皆在荊雍。乃與書論共洽不平者十事。其辭皆鄙到氏』云云。此所引即其一事也。孝綽，彭城人，故下稱『孝標』云『平原劉峻』，疾其苟且，乃廣朱公叔《絕交論》焉。不知者妄改，絕無可通。」胡說甚是，各本皆譌，今改正。……又注「右宰轂臣，止而觸之」。「轂」，《呂氏春秋》作「穀」。作「穀」是也。並正。

【疏證】

奎本、明州本、建本作「到」、「貫」、「朱」、「轂」。贛本作「到」、「貴」、「朱」、「穀」。尤本作「到」、「貫」、「朱」、「轂」。謹案：「劉」之譌，已見本篇上文。朱氏著《絕交論》，見《後漢書·朱穆傳》：「又著《絕交論》，亦矯時之作」云。「貴」字既在「不知者妄改」語內，不論亦宜。「轂臣」事見《孔叢子·陳士義》，字正作「穀」。然「轂」與「穀」通。《老子》：「貴以賤為本，高以下為基。是以侯、王自謂孤、寡、不轂。」河上公注：「不轂，喻不能如車轂，為眾輻所湊。」轂，魏·王弼注《老子道德經下篇》本作「穀」。皆是顧按之證。毛本不誤。《通志·氏族略四》：「穀氏，嬴姓。伯爵。春秋穀伯綏

之裔也……子孫以國為氏」及《孔叢子》、建本等，當陳、何所據。嘉德引前胡《考異》，罔顧前胡校本意，乃據題下注，妄自增補「疾其」至「論焉」十三字；又以作「轂」為非，皆誤。

太行孟門　注：《史記》曰：殷紂之國，左孟門，古太行也。

【陳校】

注「古太行」。「古」，「右」誤。

【疏證】

奎本以下諸六臣合注本、尤本悉作「右」。謹案：語見《史記·吳起列傳》，正作「右」，《白孔六帖》卷五十八「在德不在險」注引同。《太平御覽》卷四百五十九引《韓子》亦作「右」。作「右」，始與上句「左孟門」，相對為文。本書張夢陽《劍閣銘》「洞庭孟門」注引亦作「右」。毛本獨因形近而誤，陳校當從《史記》、上下文義、本書內證、尤本等正之。

是以耿介之士，疾其若斯　注：耿介之士，白謂也。

【陳校】

注「白謂」。「白」，「自」誤。

【疏證】

奎本以下諸六臣合注本、尤本悉作「自」。謹案：毛本獨因形近傳寫而誤，陳校當從上下文義、尤本等正之。

皦皦然絕其雰濁　注：《說文》曰：雰，亦氣字。

【陳校】

注「亦氣」。「氣」，「氛」誤。

【集說】

梁氏《旁證》曰：毛本「氛」誤作「氣」。今《說文》「氛」，重文「雰」。

【疏證】

奎本以下諸六臣合注本、尤本悉作「氛」。謹案：《說文·气部》：「氛，祥氣也。从气，分聲」。又，「雰。氛。或从雨。」本書郭景純《江賦》「爾乃霧衻於清旭」注、顏延年《始安郡還都與張湘州登巴陵城樓作》「清雰霽岳陽」

注引並作「氛」。毛本傳寫獨因形近而譌，陳校當從《說文》、本書內證、尤本等正之。

演連珠五十首　　陸士衡　　劉孝標注

（臣聞日薄）是以百官恪居　　善曰：《左氏傳》：閔子騫曰：敬恭朝夕，恪居官次。

【陳校】

「閔子騫曰」，當作「公鉏然之」。

【集說】

顧按：此亦閔子馬也。

胡氏《考異》曰：注「閔子騫曰。」案：「騫」，當作「馬」。袁本亦誤。茶陵本改為「公鉏然之。」大謬。

梁氏《旁證》曰：「騫」當作「馬」。六臣本作「公鉏然之曰」，誤也。

姚氏《筆記》曰：《演連珠》「是以百官恪居」注「《左氏傳》：閔子騫曰」，校改「公鉏然之」。東樹按：《褚淵碑文》「恪居官次」注：「《左氏傳》曰：閔子騫曰。」同此。校改。

許氏《筆記》曰：「閔子騫曰」。何改「公鉏然之」。嘉德案：注「《左傳》閔子騫曰。」胡曰云云。考《左傳》「敬恭朝夕，恪居官次」，乃公鉏事，非閔子馬語也。公鉏以閔子馬之言為然，而「敬恭」云云。何校依茶陵本改「《左氏傳》曰公鉏然之」，是也。茶陵本不謬，胡說誤。

【疏證】

奎本、尤本誤同。明州本、贛本、建本作「公鉏然之」。謹案：事見《春秋左傳注疏·襄公二十三年》。審其上下文，誠如嘉德所言：「敬恭朝夕，恪居官次，」乃公鉏事，非閔子馬語。《北堂書鈔》卷三十六「敬恭朝夕，恪居官次」條注：「《左傳》：季氏以公鉏為馬政。慍而不出。閔子馬見之，曰：『子無然。禍福無門，惟人所召。』公鉏然之。敬恭朝夕，恪居官次。」其所節引，可為嘉德說佐證。本條與上陳孔璋《檄吳將校部曲》「蓋聞禍福無門」條不同。毛本當誤從尤本等，陳、何校則從贛本、《左傳》等正之。姚、許校皆是，顧按、《考異》並非。此亦陳是而前胡《考異》非之例。參拙著《何校集證》。

（臣聞任重）是以物勝權而衡殆　劉注：故在權則行危，離鏡則照暗也。

【陳校】

注「行危」。「行」，「衡」誤。

【疏證】

奎本以下諸六臣合注本、尤本悉作「衡」。謹案：為「衡」，始與「權」相偶。下注云「由衡危、鏡凶」云云，亦可證當作「衡」。毛本獨因音近而誤，陳校當從正文、上下文義、尤本等正之。

故明主程才以效業　注：由衡危、鏡凶，哲人所以為戒。

【陳校】

注「鏡凶」。「凶」，疑「暗」。

【集說】

顧按：按「凶」字不誤。

【疏證】

奎本以下諸六臣合注本、尤本悉同。謹案：毛本當從尤本等，陳校之疑，則由上文注「離鏡則照暗」而來，然無版本依據。其實，此注本應上文「應博則凶」爾。顧按是。

臣聞：髦俊之才　劉注：……故明主之興，非天地特為生賢才，在引而用之為貴爾雅曰：毛萇《詩傳》曰：髦，俊也。

【陳校】

「爾雅」，「爾」屬上；「雅」，「善」誤。

【疏證】

奎本以下諸六臣合注本、尤本悉作「爾善」。謹案：毛本獨因傳寫而誤，陳校當從上下文義、尤本等正之。

（臣聞世之）希蒙翹車之招　善曰：陳敬仲曰：翹翹車乘。招我以弓。

【陳校】

注「陳敬仲」上，脫「《左氏傳》」三字。

【集說】

　　胡氏《考異》曰：注「陳敬仲曰。」袁本、茶陵本作「《毛詩》曰」。案：此尤校改之也。

【疏證】

　　尤本脫。奎本以下諸六臣合注本作「《毛詩》曰」。謹案：語見《春秋左傳注疏·莊公二十二年》。本書潘安仁《西征賦》「納旌弓於鉉台」注、劉越石《答盧諶》「旂弓騂騂」注、江文通《雜體詩·盧中郎諶感交》「更以畏朋友」注、任彥昇《宣德皇后令》「首應弓旌」注、潘安仁《夏侯常侍誄》「公弓既招」注引並有「《左氏傳》」三字。毛本從尤本而脫，陳校當從本書內證、《左傳》等正之。范氏《三家詩拾遺·古逸詩》：「翹翹車乘，招我以弓」四句：「《左傳》：齊侯使敬仲為卿，敬仲辭以『羈旅之臣，敢辱高位』，引此四句。」是尤本改六臣合注本「《毛詩》曰」為「陳敬仲」並不誤，所欠祗在其上尚得補「左氏傳」三字耳。

（臣聞祿放）是以三卿世及　　劉注：言三桓專魯，而哀公見逐。

【陳校】

　　注「哀公見逐」。「逐」，「逐」誤。

【疏證】

　　奎本以下諸六臣合注本、尤本悉作「逐」。謹案：事見《春秋左傳注疏·哀公二十七年》。按上下文義，當為「逐」字。毛本或因形近傳寫而誤，或因涉《左傳》下文「乃遂如越國人」云云而誤。陳校當從《左傳》、尤本等正之。

（臣聞靈輝）時風夕灑　　善曰：《淮南子》曰：猶條風之時灑。許慎曰：灑，猶汎也。

【陳校】

　　注「猶汎」。「汎」，「汛」誤。

【疏證】

　　奎本、明州本、贛本、尤本誤同。建本獨作「汛」。謹案：《說文·水部》：「汛，灑也。」本書揚子雲《劇秦美新》「況盡汛掃前聖數千載功業」注：「《毛

詩》曰：『洒掃庭內。』萇曰：『洒，灑也。』洒，與汛同。」毛本當誤從尤本等，陳校當從《說文》、本書內證等正之。此亦前胡《考異》漏錄、漏校者。

是以至道之行　劉注：言以至道均被……善曰：《淮南子》曰。

【陳校】

注「言以」。「以」字衍。

【集說】

胡氏《考異》曰：注「言口空脫一字至道均被。」袁本、茶陵本「言口空脫一字」作「善曰」。案：尤改「善曰」入下，而誤衍「言」字。下注首空二字者三處，皆尤改。此亦當同彼矣。

梁氏《旁證》曰：六臣本「言以」二字作「善曰」，誤也。尤本以字空格，亦衍「言」字。此注下「善曰」二字，六臣本無，尤本補，是也。

【疏證】

尤本作「言口」。奎本以下諸六臣合注本（「言口」）作「善曰」。謹案：前胡說非。本篇舊（劉）注，與善首署名舊注之他篇一樣，有兩個特點：就內容言，每首（章）率以串講大意為主，罕見引經據典。從用辭形式言，一首領起，多見用「此章言」（如「臣聞氂俊」、「臣聞應物」）、「此言」（如：「臣聞良宰」、「稱為巧盡」）、「言」（如「臣聞世之」、「臣聞利眼」）諸辭。本條首以「言」字發端。「至道均被」云云，的是演說大意，故可斷定此為劉注，非善注本身，奎本首題「善曰」之非。尤本空格（《考異》作口空脫一字），是刓去一衍字（由毛本可推，或亦是「以」字）。《淮南子》上，尤本補出「善曰」二字，則切合善注多引經據典以揭出處、明典故之注釋風格。故首誤在奎本。奎本急欲界域善注與五臣，故冠「善曰」於其所援舊注上，顧此失彼，不經意間，泯滅了善注與舊注之界限矣。依奎本例，實當於「言」上空一格。不知奎本何故自亂其例，豈刻工之禍歟？尤本依例挖、補，並無不是。毛本誤衍「以」字，當別有來歷，陳校當據尤本正之。梁氏則知其然，不知其所以然也。

（臣聞頓網）不眄丘園之弊

【陳校】

「弊」，「幣」誤。

【集說】

孫氏《考異》曰：「幣」，誤「弊」。

許氏《筆記》曰：何改「幣」。嘉德案：何校「弊」，改「幣」，是也。各本皆誤。

【疏證】

《敦煌·法藏本》P.2493 同。諸《文選》本悉作「幣」。謹案：馬永易《實賓錄·巢箕叟》引本篇亦作「幣」。「幣」，束帛聘禮也。《說文·巾部》：「幣，帛也。」徐灝箋：「幣，本繒帛之名。因車馬玉帛同為聘享之禮，故渾言之，皆稱幣。」本書《東京賦》：「聘丘園之耿潔，旅束帛之戔戔」皆其證。然「弊」與「幣」同。《說文通訓定聲·履部》：「（獘）〔弊〕叚借為幣。」《戰國策·秦策五》：『令庫具車、廄具馬、府具弊。』高誘注：『弊，貨財也。』」殿本並高注正作「幣」。毛本好用叚字，而敦煌法藏本可佐證其必有來歷。陳、何正不必改焉。

洗渭之民　善曰：秦密對王商曰。

【陳校】

注「秦密」。「密」，「宓」誤。

【集說】

余氏《音義》曰：「秦密」。「密」，何改「宓」。

梁氏《旁證》曰：注「秦密對王商曰。」余校「密」改「宓」。

【疏證】

奎本、明州本、尤本、建本同。贛本作「宓」。謹案：事亦見《蜀志·秦宓傳》云：「劉璋時，宓同郡王商為治中從事，與宓書曰：『貧賤困苦，亦何時可以終身？』……宓答書曰：『昔堯優許由非不弘也，洗其兩耳。』」然「密」與「宓」同。《太平御覽》卷三百九十三引《蜀志》曰：「先主既立益州，廣漢太（中）〔守〕夏〔侯〕纂請秦密為師友祭酒，領五官掾」云云。已稱「秦密」。王應麟《玉海》卷八十六引《蜀志》亦稱「秦密見太守以簿擊頰」云云。是奎本等非無根據。毛本當從尤、建二本等，陳校則從《蜀志》、贛本等，然不改亦得。梁氏《旁證》誤此為余氏校，非，此余迻錄何校耳。

（臣聞積實）不悅西施之影　善曰：《潛夫論》曰：而不若醜妻陋妾，而可御於前也。

【陳校】

　　注「而可御」。「而」字，衍。

【集說】

　　胡氏《考異》曰：注「而可御於前也」。何校去「而」字，陳同。各本皆衍。

　　梁氏《旁證》同胡氏《考異》。

【疏證】

　　奎本以下諸六臣合注本、尤本悉衍。謹案：語見《潛夫論》卷三，正無下「而」字。奎本涉上文「而」字，衍。毛本等後先踵之。陳、何校當從《潛夫論》、上下文義等刪之。

（臣聞應物）是以充堂之芳，非幽蘭所難；繞梁之音　善曰：何休《公羊傳》曰：充，滿也。《尸子》曰曰：夫繞梁之陽，許史鼓之，非不樂也。墨子以為傷義，是弗聽也。

【陳校】

　　注「《公羊傳》」下，有脫字。又「《尸子》曰曰繞梁之陽。」上「曰」字衍、「陽」，「鳴」誤。

【集說】

　　胡氏《考異》曰：注「何休《公羊傳》曰。」案：「傳」下當有「注」字，各本皆脫。又曰：「《尸子》曰」下至「是弗聽也。」袁本此二十五字，作「繞梁，已見張景陽《七命》」，是也。茶陵本複出，非。

　　梁氏《旁證》曰：「傳」下當有「注」字。各本皆脫。

【疏證】

　　奎本、明州本脫「注」字、作「已見張景〔陽〕《七命》。」贛本、尤本、建本脫「注」字、複出不重「曰」字、作「鳴」。謹案：本書何平叔《景福殿賦》「芸若充庭」注、應吉甫《晉武帝華林園集詩》「充我皇家」注、沈休文《遊沈道士館》「情性猶未充」注引並有「注」字。毛本脫「注」字、從尤、

建二本等複出，而衍一「曰」字、誤「陽」，則傳寫而譌。陳校雖知「傳」下有脫字，而未及「注」字，豈未見本書屢引何休此注以釋「充」歟？疏亦甚矣。

（臣聞智周）耀夜之目　善曰：……《淮南子》曰：鴟鵂夜撮，蚤察毫末。晝出瞑目而不見丘山，言殊性也。

【陳校】

　　注「瞑目」。「瞑」，「瞋」誤。

【集說】

　　胡氏《考異》曰：注「晝出瞑目」。陳曰云云。是也，各本皆譌。

　　梁氏《旁證》曰：陳校「瞑」改「瞋」。各本皆誤。

【疏證】

　　奎本以下諸六臣合注本、尤本誤同。謹案：今本《淮南子·主術》作「鴟夜撮蚤蚊，察分秋毫。晝日顛越，不能見丘山形。性詭也。」不見用「（瞑）瞋目」字。「瞋目」字見於《莊子注·秋水》，云：「鴟鵂夜撮蚤察毫末，晝出瞋目而不見丘山，言殊性也。」善注混淆二書，其因先後引二書，復援高誘注之故歟？毛本誤從尤、建二本等，陳校乃據《莊子》改，非從《淮南子》焉。

（臣聞忠臣）非貪瓜衍之賞……豈要先茅之田　劉注：《左氏傳》曰：……（晉侯）曰：吾獲狄士，子之功。《左氏傳》曰：襄公以再命命先茅之縣賞胥臣……杜預曰：先茅絕後，故取而縣，以賞胥臣也。

【陳校】

　　注「狄士」，「士」，「土」誤。又，「取而縣」。「而」，「其」誤。

【疏證】

　　奎本、贛本、建本誤「士」、作「其」。明州本、尤本作「土」、「其」。謹案：「瓜衍之賞」，事見《春秋左傳注疏·宣公十三年》，正作「土」，《太平御覽》卷六百三十三引同。「賞胥臣」，事見《春秋左傳注疏·僖公三十三年》，正作「其」字，《文章正宗·臼季請用冀缺》「命先茅之縣賞胥臣」注亦作「其」字。毛本誤「士」，當從建本等，誤「而」，則獨傳寫誤也。陳校當從《左傳》、尤本等正之。

（臣聞利眼）朗璞蒙垢　劉注：喻明玉蒙垢而掩輝。善曰：《抱朴子》云：天何為常故壞其眼目，以行譴人乎？

【陳校】

　　注「明玉」。「明」，「朗」誤。又「天何為常」。「常」，「當」誤。

【疏證】

　　奎本以下諸六臣合注本、尤本悉作「朗」、「當」。謹案：今本《抱朴子》未見其語。毛本「明」、「常」二字，並因形近而誤。陳校當從贛、尤二本等正之。竊意：「何為」下或脫「哉」字。奎本以下諸六臣合注本，皆誤劉注為善注，蓋誤移「善曰」於舊注上爾。

（臣聞良宰）屈於齊堂之俎　善曰：《晏子春秋》曰：……太師曰：育臣不習也。

【陳校】

　　注「育臣」。「育」，「盲」誤。

【集說】

　　胡氏《考異》曰：注「《晏子春秋》曰」下至「晏子之謂也」。袁本此一百二十八字作「齊堂之俎，已見張景陽《雜詩》」。是也。茶陵本複出，非。

【疏證】

　　奎本、明州本作：「齊堂之俎，已見張景陽《雜詩》」。贛本、建本複出，作「盲」。尤本作「盲」。謹案：今本《晏子春秋·內篇·襍上》作「冥」。本書楊雄《甘泉賦》「目冥眴而亡見」善注：「冥眴昏亂之貌」。「目冥眴而亡見」，則義與「盲」同。本書張景陽《雜詩十首（此鄉）「折衝樽俎間」注引《晏子春秋》，正作「盲」字。事亦見《韓詩外傳》卷八，亦作「盲」。《玉海》卷一百三引《晏子春秋》，作「大師曰：不習也」，則無「盲臣」字。毛本當從尤、建二本，而傳寫形近而誤。陳校當從本書內證、尤本等正之。奎、明二本最是。此善注例也。

（臣聞春風）故威以齊物為肅　劉注：人君不以責賤革其賞罰。

【陳校】

　　注「不以責賤」。「責」，「貴」誤。

【疏證】

奎本以下諸六臣合注本、尤本悉作「貴」。謹案：毛本當從尤、建二本，而傳寫因音近而誤，陳校當從尤本等正之。奎本、明州本、贛本誤為善注。

（臣聞巧盡）瞽瞍清耳

【陳校】

「瞍」，「史」誤。

【集說】

孫氏《考異》曰：「瞍」，當作「瞍」，六臣本作「史」。李周翰注：「史，樂官也。」

胡氏《考異》曰：「瞽瞍清耳。」袁本、茶陵本「瞍」作「史」。案：此尤誤改也。

張氏《膠言》曰：「瞍」，當作「史」。「瞽史」與上「輪匠」對也。善本作「瞍」字，疑誤。

梁氏《旁證》曰：六臣本「瞍」作「史」。

徐氏《糾何》曰：何曰：「瞍，當作瞍。一作史。」案：「史」字是。《弔魏武帝文》云：「豈特瞽史之異闕景」，即士衡句也。

許氏《筆記》曰：何曰：「瞍，當作瞍。一作史。」案：《說文》：「瞽，目但有眹也。」「瞍，無目也。」《新附》：「眹，目精也。」《弔魏武帝文》云：「豈特瞽史之異闕景。」然「瞽瞍」、「瞽史」並通。今以陸證陸，當為「瞽史」。蓋「史」與「瞍」形相近，故傳寫誤作「瞍」也。嘉德案：茶、袁二本並作「瞽史」，此尤校誤改「史」為「瞍」也。張校亦云：「瞽史與輪匠為對。」胡云「瞍譌」。

黃氏《平點》曰：「瞽瞍清耳」句。「瞍」字，最是。別本作「史」，乃大繆耳。

【疏證】

尤本同。贛本同，校云：五臣作「史」。《敦煌・法藏本》P.2493、五臣正德本、陳本作「史」。奎本、明州本、建本作「史」，並無校語。謹案：五臣作「史」，本篇翰注、本書《弔魏武帝文》「豈特瞽史之異闕景」銑注並可證。下句云「而無伶倫之察」，以黃帝樂史「伶倫」相比，則原文必是「史」，

而非「叟」，是專稱非泛指，善本亦當為「史」。奎本、明州本皆無校語，贛本作「叟」，蓋從誤本。尤本此踵贛本之誤。陳校是，張氏「瞽史與上輪匠對」及徐、許兩家「以陸證陸」，甚是。何、孫、黃三家，校而無證據，其說難從。

（臣聞絕節）是以南荊有寡和之歌　善曰：《宋玉集》：宋玉對曰：其始曰《下俚巴人》，國中屬而和者數十人。既而《陽春》《白雪》，含商吐角，絕節赴曲，國中唱而和之者彌寡。

【陳校】

注「和者數十人」。「十」，「千」誤。

【集說】

梁氏《旁證》曰：此與《對楚王問》篇字句不同，與《琴賦》注引《宋玉集》又異。蓋集本或亦不同。此因正文「絕節」字，故亦各隨所用而引之。

【疏證】

奎本、明州本、尤本、建本作「千」。贛本亦作「千」，下作「其為陽春白雪，國中屬而和者，不過數十人。是其曲彌高者，其和彌寡。」毛本從尤、建二本等，然或因覺從「數千人」至末句「彌寡」，過於突兀，與上文語意不相承接，尤其不安者，是「彌」字無着落，而勇改「千」為「十」耳。贛本最是。贛本當從本書宋玉《對楚王問》（《古詩十九首（昔我）》「陽春無和者」注引《對楚王問》同）補正。陳校蓋從尤本。

（臣聞尋烟）動神之化已滅　善曰：《尚書》：益曰：至誠感神。

【陳校】

注「至誠」。「誠」，「誠」誤。

【疏證】

奎本以下諸六臣合注本、尤本悉作「誠」。謹案：語見《尚書注疏・大禹謨》，正作「誠」字。蔡沈注：「誠感物曰誠。」《白孔六帖》卷六十七「郊天」引作「誠」，《冊府元龜》卷二十六引同。毛本獨因形近而誤，陳校當從《尚書》、尤本等正之。

（臣聞音以）萬夫婉孌，非俟西子之顏　劉注：心苟目足，不假美女之麗。

【陳校】

　　注「目足」。「目」，「自」誤。

【疏證】

　　奎本以下諸六臣合注本、尤本悉作「自」。謹案：據上下文義，可決當作「自」字。毛本獨因形近而誤，陳校當從上下文義、尤本等正之。

臣聞：出乎身者……。善曰：下愚由性，非假物所移；弊俗係時，非克己能正。是以放勳化被四表，不革丹朱之心；仲尼德冠生人，不救棲遑之辱。按西漢劉向上曰。

【陳校】

　　注「按西」。當作「善曰」。又「劉向上」下，脫「疏」字。

【集說】

　　余氏《音義》曰：何曰：「下愚上，舊刻有善曰二字。恐非是。此八句皆是劉注。自按西以下乃李善注。善曰二字，疑當在按上。按西二字，他本亦誤作善曰」。

　　胡氏《考異》曰：注「善曰下愚由性。」案：「善曰」，二字不當有。

　　梁氏《旁證》曰：注「善曰：下愚由性」，至「不救棲遑之辱」。何曰：「此下八句皆劉注。自按西以下乃善注。善曰二字當移彼。」是也。「按西」二字當改「善曰」二字耳。今尤本「漢劉向上疏曰」上，已改「按西」二字為「善曰」，而上文「善曰」二字仍未刪。

【疏證】

　　尤本「下愚」上無「善曰」，「按西」作「善曰」、「劉向上」下有「疏」字。奎本以下諸六臣合注本：「下愚」上，有「善曰」；「漢劉向上疏曰」上無「善曰」，亦無「按西」。謹案：「下愚」以下八句，本劉注。按善注例，無須冠主名（篇首已具）。依奎本體例，當加「劉曰」，今奎本卻誤將下文「漢劉向上疏曰」上舊有之「善曰」，移至此處。祇為急於界域五臣與善注。遂誤劉為善。明州本因襲之。六臣本贛本系統合以善注居前，依善注例，當以舊（劉）注居前（亦無須冠主名），贛本卻照搬明州本，以訛傳訛，「漢劉」上之「善曰」，仍誤植「下愚」上。至尤本初印「下愚」上空一格（此贛本舊刻所遺），

移「善曰」還歸「劉」上。尤本是也。何校以為「下愚」八句皆劉注（舊注），是，而疑「善曰」二字，當在「按西」上，則非是。今考奎本以下諸六臣合注本悉無「按西」二字，蓋何校所據蓋毛本爾。陳校改「按西」為「善曰」、「劉向上」下補「疏」字，皆從尤本，是。梁氏謂「而上文『善曰』二字仍未刪」者，蓋指尤本後印本胡克家本耳。毛本所據本，已知「漢」上「善曰」之非，然妄以「按西」二字填空，並非尤本原貌。此點毛本不能知矣。參拙著《何校集證》。

（臣聞聽極）是以蒲密之黎　善曰：密令卓茂，已見孔德璋《北山遺文》。

【陳校】

　　注「遺文」。「遺」，「移」誤。

【疏證】

　　奎本、明州本、尤本作「移」。贛本、建本複出。謹案：孔氏《移文》載在本書，毛本刻工因音近偶誤耳。陳校無須披贛、尤二本等，信手可正也。

（臣聞示應）天地不能以氣欺　善曰：司馬彪《續漢書》曰：其氣所動者，其灰散；不及氣所動者，其灰聚。

【陳校】

　　注「不及氣」。「不」，「人」誤、「氣」，「風」誤。

【疏證】

　　奎本以下諸六臣合注本、尤本悉作「人」、「風」。謹案：《北堂書鈔》卷一百十二「布緹縵，葭莩灰」注引《續漢書》正作「人」、「風」，《後漢書・律曆志・候氣》、《晉書志・律曆上》、《古微書・易緯》並同。毛本獨因形近及涉上而誤，陳校當從《後漢書》、尤本等正之。

尺表逆立　善曰：《周禮》曰：土圭之法……風雨之所惠也。

【陳校】

　　注「風雨之所惠」。「惠」，「會」誤。

【疏證】

　　奎本以下諸六臣合注本、尤本悉作「會」。謹案：語見《周禮注疏・大司

徒》，正作「會」字，《海錄碎事》卷四上引、本書張平子《東京賦》「總風雨之所交」注引並同。毛本獨因音近而誤，陳校當從《周禮》、本書內證、尤本等正之。

臣聞：祝敔希聲 劉注：理責〔持〕〔特〕會。

【陳校】

「祝」，「柷」誤。又注「理責」。「責」，「貴」誤。

【疏證】

奎本以下諸六臣合注本、尤本悉作「柷」、「貴」。《敦煌・法藏本》P. 2493作「柷」。謹案：《尚書・益稷》：「下管鞀鼓，合止柷敔。」傳：「堂下樂也。上下合止樂，各有柷敔。」《周禮・春官・小師》：「小師掌教鼓鞀柷敔。」然「祝」通「柷」。《說文通訓定聲・孚部》：「祝，叚借為柷。」《毛詩注疏・周頌・有瞽》「鞉磬祝圉」傳：「柷，木椌也。」《毛詩》經為「祝」，傳作「柷」，並是相通明證。《濟陰太守孟郁修堯廟碑》：「鞀磬祝圉」，亦作「祝」。毛本好用古字，陳校未誤及此。

臣聞：目無常音之察 劉注：言為政之道，恕己及物也。……豈求其備哉？杜預《左氏傳注》曰。

【陳校】

注「言為政之道」上，舊刻有「善曰」二字。非。當在「豈求其備哉」下。

【集說】

余氏《音義》曰：「杜預」上，何增「善曰」。又曰：三十九首注「《楚辭》曰衝」上、「《法言》」上、四十四首注「《文子》」上、四十八首注「《淮南》」上並同。

梁氏《旁證》曰：注「杜預《左氏傳注》曰」。余校上增「善曰」二字。三十九首注「楚辭曰衝風」上、「《法言》曰」上、四十四首注「《文子》曰」上、四十八首注「《淮南子》曰」上並同。以上各條，毛本之誤，尤本多不誤。

姚氏《筆記》曰：《演連珠》劉孝標注，善注亦廁其中，而多脫「善曰」

二字。今並校增。「目無常音之察」章「杜預《左氏傳注》」；「衝波安流」章「《楚辭》曰：衝風起兮」；「震風動發」[章]「《法言》曰」；「理之所守」章「《文子》曰：左手據天下之圖」；「虐暑熏天」章「《淮南子》曰：夫寒之與暖相反」，以上五處皆脫「善曰」。

【疏證】

奎本以下諸六臣合注本同「舊刻」。謹案：此陳校舊刻。奎本為界限五臣與善注，自亂其例，將「杜預」上「善曰」二字逐置「言為政」上，致舊注、善注誤為一體。明州等六臣合注本踵其誤而不能正。尤本能辨，故移「言為政」上「善曰」重歸「杜預」上。「言為政」上刓痕猶存，此亦可證尤本蓋從六臣合注本剔出之說。毛本固為劉注，彼從尤本，是也。梁氏《旁證》又誤本條為余氏校，又曰：「以上各條，毛本之誤，尤本多不誤。」此說則是。

（臣聞放身）不假吞波之魚

【陳校】

「波」，疑「舟」。

【集說】

孫氏《考異》曰：何云：「吞波，疑吞舟。」志祖按：注引劉劭《趙都賦》曰：「巨鼇冠山，陵魚吞舟，吸潦吐波，氣成雲霧。」「吞波」，即吐波之意耳。

許氏《筆記》曰：何云：「波，疑舟。」嘉德案：孫曰云云。

【疏證】

《敦煌・法藏本》P. 2493、諸《文選》本悉同。謹案：《記纂淵海》卷五十一引「《選・連珠》」亦作「波」。五臣作「波」，向注可證。善注引劉劭《趙都賦》曰：「陵魚吞舟」，則善本或正作「舟」，陳、何之疑，即由此生，非空穴來風。此當奎本失校語爾。

臣聞：沖波安流，則龍舟不能以漂　（注）：《楚詞》曰：衝風起兮橫波。……震風洞發（注）：《法言》曰。

【陳校】

注首脫「善曰」二字，下「震風洞發」下，同。

【集說】

余氏《音義》曰：何增「善曰」。三十九首注「《楚辭》曰衝」上、「《法言》」上，並同。

梁氏《旁證》曰：余校：上增「善曰」二字。三十九首注「《楚辭》曰：衝風」上、「《法言》曰」上，並同。以上各條，毛本之誤，尤本多不誤。

許氏《筆記》曰：「沖波安流，則龍舟不能以漂」下，脫「善曰：言舟本搖蕩，流靜則安流，或為水及風誤也」十九字。嘉德案：各本「善曰言舟」云云十九字，誤列在「盜跖挾曾史」句之下，今移正。

【疏證】

奎本以下諸六臣合注本、尤本「《楚詞》」上、「《法言》」上並有「善曰」二字。謹案：此毛本誤脫。陳校當據尤本補之。參上「臣聞：目無常音之察」條。二許移「善曰言舟」云云十九字，置本條注首，似為得，各本皆誤。

是以淫風大行，貞女蒙冶容之悔。淳化殷流，盜跖挾曾史之情 注：此謂物無常性，惟化所珍。……善曰：曾，曾參；史，史魚。

【陳校】

注「所珍」。「珍」，疑「甄」。又「史魚」下，脫「《莊子》曰：『削曾史之行，鉗楊墨之口』」三句。

【集說】

顧按：此非脫。

胡氏《考異》曰：注「唯化所珍」。陳云：「珍，疑甄誤。」今案：當作「移」，各本皆誤。又曰：注「史，史魚。」袁本「魚」下有「並已見上文」五字，是也。茶陵本複出，非。尤刪削，益非。

梁氏《旁證》曰：陳云：「珍，當作甄。」胡公《考異》曰云云。姜氏皋曰：「珍，疑是紾字之譌。《說文》云：『紾，轉也。』」。

許氏《筆記》曰：注「惟化所珍」。「珍」，當作「移」。改正。

【疏證】

尤本皆同。奎本、明州本作「珍」、「史魚」下有「並已見上文。」贛本、建本複出「《莊子》曰」三句。謹案：「甄」，「紾」皆泥於與「珍」音同，以「移」字最切。「《莊子》曰」三句，見本書《廣絕交論》「曾史蘭薰雪白」注。

毛本皆從尤本，陳校當從贛本，故誤以複出三句為補。前胡最是。

臣聞：理之所守……是以生重於利……善曰：性命之道，含靈所惜。以利方生，則生重利；不以利喪生，是理之所守，道之所閉也。以身方義，則義貴身；而以義棄身，是埶之所奪，權所必開也。是以據圖無揮劍之痛，以利輕於身；臨川有投迹之哀，以身輕於義。《文子》曰。

【陳校】

　　注「利輕於身」。「身」，「生」誤。又「《文子》曰」上，脫「善曰」二字。

【集說】

　　余氏《音義》曰：四十四首注「《文子》」上，何增「善曰」。

　　胡氏《考異》曰：注「善曰：性命之道」。何校去「善曰」二字，是也。各本皆誤。又：注「《文子》曰」。「文」上，添「善曰」二字。陳同。是也，各本皆誤。

　　梁氏《旁證》曰：何校移「善曰」二字於下「《文子》曰」上。尤本上衍下脫。毛本上刪下仍脫。皆非。

【疏證】

　　奎本將善本「《文子》」上原為界限舊注與善注之「善曰」移至注首，因而誤「性命」以下十六句劉注為善注，遂致「上衍下脫」現象。明州本、贛本、尤本直至建本，襲而不察，毛本則「上刪下仍脫」，悉誤也。謹案：陳、何校是。可參上「臣聞目無嘗音之察」諸條。「身」字，毛本獨涉上下文而誤，上述諸《文選》本悉作「生」，蓋應上「以利方生」句。陳校當從上下文義、尤本等正之。

臣聞：虐暑熏天（注）：言埶有極也……《淮南子》曰：夫寒之與煖相反。

【陳校】

　　注「《淮南子》」上，脫「善曰」二字。

【集說】

　　梁氏《旁證》曰：四十八首注「《淮南子》曰」上，何增「善曰」二字。

【疏證】

　　尤本「《淮南子》」上有「善曰」，注首無。奎本以下諸六臣合注本移「善曰」在注首「言」上。謹案：此誤在奎本自亂其例，尤本將「善曰」還歸善注，以畛域善與舊注。剜補前後痕猶在，又是尤本從六臣合注本剔出之證。毛本刪從尤本而下仍脫之，陳校當從尤本正之。

文選卷五十六

女史箴一首　張茂先

二儀既分　注：《周易》曰：易月太極，是生兩儀。

【陳校】

　　注「易月」。「月」，「有」誤。

【疏證】

　　奎本以下諸六臣合注本、尤本悉作「有」。謹案：語見《周易注疏・繫辭上》，正作「有」字，《北堂書鈔》卷九十五、《太平御覽》卷一、卷六百九引並同。本書左太沖《魏都賦》「夫泰極剖判」注、郭景純《江賦》「象太極之構天」注等八處引亦作「有」字。毛本獨因形近而誤，陳校當從《周易》、本書內證、尤本等正之。

而王猷有倫　注：《毛詩》曰：王猷允塞。猷與猶，古字通。

【陳校】

　　「王猷允塞」。「猷」，據注當作「猶」。

【集說】

　　胡氏《考異》曰：注「王猷允塞。」袁本、茶陵本「猷」作「猶」，是也。

【疏證】

　　贛本、尤本同。奎本、明州本、建本作「猶」。謹案：《毛詩注疏‧大雅‧常武》正作「猶」，《漢書‧嚴助傳》、《冊府元龜》卷二百八十七同，本書張景陽《七命（大夫曰蓋有晉）》「王猷四塞」注引同。毛本誤從尤本等，陳校當從善注、本書內證、《毛詩》等正之。參上束廣微《補亡詩》『王猷允泰』條。此亦前胡因引袁、茶二本而省稱陳校是例。

施衿結褵　　注：《儀禮》曰：母施衿結悅曰。《毛詩》曰：親結其褵。毛萇曰：褵，婦人之幃也。褵與離，古字通也。

【陳校】

　　「施衿結褵。」「褵」，據注當作「離」。又注「結悅」。「悅」，「帨」誤。

【集說】

　　胡氏《考異》曰：「施衿結褵。」陳云：「褵，據注當作離。」案：所校是也。袁、茶陵二本所載五臣翰注中字作「褵」，是其本乃作「褵」，各本以之亂善，而失著校語。正文與注遂不相應，甚非。

　　梁氏《旁證》曰：陳曰：「褵，據注當作離。」

　　胡氏《箋證》曰：《毛詩》曰：「親結其縭。」縭與褵，古字通也。按：毛《傳》：「婦人之褘也。母戒女施衿結帨。」《正義》曰：「《爾雅‧釋器》：『婦人之褘謂之縭。』孫炎曰：『褘，帨巾也。』」據此則「縭」，一名「褘」，又名「帨」。「結縭」，即《士昏禮》之「結帨」。胡氏《毛詩後箋》云：「《列女傳》：『母譙房之中結其衿縭。』《後漢書‧馬融傳》：『施衿結縭，申父母之戒。』皆用《士昏禮》文，以縭代帨字。然則，縭之為帨，明矣。」

　　許氏《筆記》曰：《詩》作「縭」。《爾雅》：「婦人之緯謂之縭。」《釋文》云：「本或作褵。」嘉德案：注「褵與離，古字通也。」陳少章云：「據注正文褵當作離。」胡曰：「陳校是也。五臣翰注作褵，各本以五臣亂善，正文與注遂不相應。」嘉德謂：所校非也。「褵」、「離」不相涉，蓋引《毛詩》「縭」、毛萇「縭」，而正文作「褵」，故云：「褵與縭，古字通也。」注中「離」乃「縭」之傳寫譌耳。《詩》作「縭」、《爾雅》「婦人之緯謂之縭」，《釋文》作「褵」，蓋古本通字。

【疏證】

　　明州本誤並同。奎本、贛本、尤本、建本作「褵」、「帨」。謹案：《毛詩》，

見《毛詩注疏・豳風・東山》，作「縭」。「襦」，與「縭」同。《爾雅・釋器》：「婦人之褘謂之縭。」釋文：「縭，本或作襦。」是其證。本書沈休文《奏彈王源》「結襦以行箕箒」注、任彥昇《齊竟陵文宣王行狀》「遵衿襦於未萌」注引並作「襦」。五臣作「襦」，翰注可證。善作「褵」，則善注已明，又，上引《文宣王行狀》毛傳作「褵」，可為旁證。然則，毛本誤從尤、建二本等，蓋以五臣亂善。陳校則從注正文。嘉德說非。蓋今本毛《詩》、毛《傳》並作「縭」，然從「衣」之「襦」、與從「糸」之「縭」本同，無須善作「字通」之校。《儀禮》語，見《儀禮注疏・士昏禮》正作「帨」。上《東山》毛《傳》引亦同。此毛本獨因形近而誤，陳校當從《儀禮》、尤本等正之。

寵不可以專　注：《漢書》曰：孝成趙皇后入宮，寵少衰，而女弟繼幸。

【陳校】

　　注「女弟繼幸」。「繼」，「絕」誤。

【疏證】

　　奎本以下諸六臣合注本、尤本悉作「絕」。事見《漢書・外戚列傳・孝成趙皇后》，正作「絕」，《資治通鑑・漢紀・孝成皇帝上之下》、《通志・孝成趙皇后傳》、《蒙求集註》卷下「衛后髮鬢，飛燕體輕」、《太平御覽》卷一百三十六引並同。絕，有極義。《後漢書・吳良傳》：「臣蒼榮寵絕矣，憂責深大」章懷注：「絕，猶極也。」毛本傳寫而誤，陳校當從《漢書》、上下文義、尤本等正之。

封燕然山銘一首　　班孟堅

蹋冒頓之區落　注：《漢書》曰：頭冒單于有太子曰冒頓。

【陳校】

　　注「頭冒」。「冒」，「曼」誤。

【疏證】

　　奎本以下諸六臣合注本、尤本悉作「曼」。謹案：事見《漢書・匈奴傳》。正作「曼」，同篇有云「匈奴單于曰頭曼」云。《資治通鑑・漢紀三・太祖高皇帝中》、《冊府元龜》卷九百九十七亦作「曼」。毛本獨因涉下「冒頓」字而誤，

陳校當從《漢書》、尤本等正之。

焚老上之龍庭　注：《漢書》又曰：（匈奴）五月，大會龍大祭其先。

【陳校】

　　注「大會龍大祭其先」下，「大」，「城」誤。

【疏證】

　　奎本以下諸六臣合注本、尤本悉作「城」。謹案：《史記·匈奴列傳》作「龍城」。今本《漢書》同。《太平寰宇記·匈奴上》、《冊府元龜卷》九百六十一亦作「龍城」。毛本獨傳寫而誤「大」。陳校當從《史》、《漢》、尤本等正之。

將上以攄高文之宿憤　注：又《文紀》曰：匈奴攻朝郍塞，殺北都尉。

【陳校】

　　注「北都尉」。「北」下脫「地」字、「尉」下脫「印」字。

【集說】

　　胡氏《考異》曰：注「殺北都尉」。何校「北」下添「地」字、「尉」下添「印」字，陳同。是也，各本皆脫。

　　梁氏《旁證》同胡氏《考異》。

【疏證】

　　奎本以下諸六臣合注本、尤本悉脫。謹案：事見《史記·孝文本紀》，正作「殺北地都尉印」，《漢書·文帝紀》、《馮唐傳》、《匈奴傳上》、《冊府元龜》卷一百並同。本書班叔皮《北征賦》「弔尉印於朝那」注引《史記·文紀》亦同。五臣正德本、陳本及奎本以下諸六臣合注本向注並有「地」、「印」二字。毛本當誤從尤本等，陳、何校當從《史》、《漢》、本書內證、五臣向注等補之。

恢而境宇

【陳校】

　　「而」，「拓」誤。

【疏證】

　　諸《文選》本皆作「拓」。謹案：《後漢書·竇憲傳》正作「拓」，《通志·

寶融傳》、《東漢會要·刻石紀功》同,《玉海》卷一百九十四引亦同。毛本傳寫而誤,陳校當從《後漢書》、尤本等正之。

座右銘一首　　崔子玉

唯人為紀綱

【陳校】

「人」,「仁」誤。

【疏證】

諸《文選》本咸作「仁」。謹案:《藝文類聚》卷二十三、《太平御覽》卷四百五十九引並作「仁」。然「人」與「仁」通。參上阮元瑜《為曹公作書與孫權》「所謂小人之仁」條。毛本用段字,非誤字,陳不必改也。

行行鄙夫至

【陳校】

「至」,「志」誤。

【疏證】

諸《文選》本咸作「志」。謹案:五臣亦作「志」,良注可證。「至」,可通「志」。《論語·泰伯》:「三年學,不至於穀,不易得也。」朱熹《集注》:「穀,祿也。至,疑當作志。」《荀子·儒效》:「行法至堅,不以私欲亂所聞。」王先謙《集解》:「荀書至、志通假。」皆其例。毛本用段字,非誤字,陳亦不必據《文選》他本改也。

行之苟有恒　　注:郭璞《王蒼》曰:苟,誠也。

【陳校】

注「《王蒼》」。「王」,「三」誤。

【集說】

余氏《音義》曰:「王蒼」。「王」,何改「三」。

胡氏《考異》曰:注「郭璞《三蒼》曰」。袁本、茶陵本無「郭璞」二字。

【疏證】

贛本、建本同。奎本、明州本、尤本作「三」。謹案:「三蒼」,蓋謂郭璞《三蒼解詁》。《太平御覽‧經史圖書綱目》:「郭璞《三蒼解詁》」。六臣合注本注悉脫「郭璞」字。本書司馬長卿《上林賦》「啾啾蹌蹌」、「蹈䗶獺」二注、潘安仁《西征賦》「狙潛鋙以脫臍」注等凡引十二處,皆作「郭璞《三蒼解詁》」。此當尤本所據,非尤氏擅增也。毛本當從尤本有「郭璞」而傳寫誤「王」字。陳校當從尤本、本書內證等正之。

劍閣銘一首　張夢陽

張夢陽　注:臧榮緒《晉書》曰:(張)載隨父入蜀,作《劍閣銘》。益州刺史張敏見而奇之,乃表上其次,世上遣使鐫石記焉。

【陳校】

「夢」,「孟」誤。又注「其次世上」。「次」,「文」誤、「上」,「祖」誤。

【集說】

孫氏《考異》曰:「張孟陽」。「孟」,誤「夢」。

梁氏《旁證》曰:毛本「孟」誤作「夢」。

許氏《筆記》曰:「夢陽」,何改「孟陽」。嘉德案:本作「(夢)[孟]陽」,傳寫誤。六臣茶、袁本作「孟」,不誤。張載字不言「夢陽」也。

【疏證】

諸《文選》本咸作「孟」。奎本以下諸六臣合注本、尤本悉作「文」、「祖」。謹案:《晉書》本傳作「字孟陽」、「文」、「武帝」,《通志‧張載傳》、《蒙求集註》卷下、《冊府元龜》卷八百三十八引並同。《太平御覽》卷五百九十引「王隱《晉書》」亦作「孟」。本書顏延年《應詔觀北湖田收》「神行埒浮景」注、《七哀詩》作者注、潘正叔《贈侍御史王元貺》「王侯厭崇禮」注、王元長《永明九年策秀才文(又問議獄)》「科反行季葉」注引並作「張孟陽」。毛本或因音近、或因形近,傳寫而誤,陳校當從《晉書》、本書內證、尤本等正之。

北達襃斜　注：《梁州記》曰：萬石城沂漢上七里，有襃谷曰。南口曰襃，北口曰斜。

【陳校】

注「襃谷曰」。「曰」，「口」誤。

【集說】

梁氏《旁證》曰：注「有襃谷口」，段校「襃」下添「斜」字。

【疏證】

奎本以下諸六臣合注本、尤本悉作「口」字。謹案：本書《西都賦》「右界襃斜」注引「《梁州記》」，「谷」下無「口」字。揚子雲《長楊賦》「西自襃斜」注、潘安仁《西征賦》「邪界襃斜」注引，並作「已見上文」，則亦無「口」字。依段校，則各本「襃」下皆脫「斜」字，仍有「口」字，然則，本書上引諸篇皆脫「曰」字矣。毛本獨涉下文而誤，陳校當從尤本等正之。

狹過鼓碭　注：劉淵林《蜀都賦》注曰：岷山都安縣，有兩山相對立如闕，號曰彭門。

【陳校】

「鼓」，「彭」誤。

【疏證】

諸《文選》本咸作「彭」。謹案：《晉書》本傳、《藝文類聚》卷七並作「彭」。五臣作「彭」，銑注可證。劉注見本書《蜀都賦》「出彭門之闕」下。據劉注，亦可證正文作「鼓」之譌。毛本獨因形近而誤，陳校當從《晉書》、善注、本書內證、尤本等正之。

興實在德，險亦難恃。洞庭孟門，二國不祀。

【陳校】

「興實」二句，《晉書》在「洞庭孟門」二句下。

【集說】

葉刻：何曰：「興實在德」二句，《晉書》在「洞庭孟門」下。

孫氏《考異》曰：「興實在德」二句，何云：「《晉書》在『洞庭孟門』二

句之下。」

梁氏《旁證》曰：《晉書》「興實」八字在「洞庭孟門」之下。

姚氏《筆記》曰：何曰云云。

許氏《筆記》曰：何曰云云。嘉德案：六臣各本皆如此，皆不同《晉書》。

黃氏《平點》曰：「興實在德」二句，《晉書》在「洞庭孟門」二句下。

【疏證】

諸《文選》本悉同。《藝文類聚》卷七、《方輿勝覽》卷六十七注、《玉海》卷一百二十二注引，咸同《文選》。《通志‧張載傳》則同《晉書》。謹案：此四句與下「自古迄今，天命匪易。憑阻作昏，鮮不敗績」相對為文，皆先言理，後舉史鑒，故以《選》文次序為切。毛本當從尤本等，陳、何校從《晉書》改，未必然也。

公孫既滅 注：范曄《後漢書》曰：公孫述為導江卒正，假稱蜀都太守，自立為天子。

【陳校】

注「蜀都」。「都」，「郡」誤。

【集說】

胡氏《考異》曰：注「假稱蜀都太守。」陳曰云云。是也，各本皆譌。

梁氏《旁證》曰：陳校「都」改「郡」。各本皆誤。

【疏證】

奎本以下諸六臣合注本、尤本誤同。謹案：事見《後漢書‧公孫述傳》曰：「述於是使人詐稱漢使者自東方來，假述輔漢將軍蜀郡太守兼益州牧印綬」云云，正作「郡」字，《資治通鑑‧漢紀‧淮陽王》、《通志‧公孫述傳》並同。毛本當誤從尤、建二本等，陳校當從《後漢書》、尤本等正之。

石闕銘一首　　陸佐公

湯黜夏政 注：《尚書》曰：湯既黜夏，命復歸于亳。

【陳校】

注「《尚書》」下，脫「序」字。

【集說】

胡氏《考異》曰：注「《尚書》曰：『湯既黜夏命。』」陳曰云云。是也，各本皆脫。

梁氏《旁證》曰：陳校「書」下添「序」字。

【疏證】

奎本以下諸六臣合注本、尤本悉脫。謹案：語見《尚書注疏·湯誥序》。《太平御覽》卷五百九十三引、本書張景陽《七命（大夫曰蓋有）》：「富乎有殷之在亳」注引亦脫「序」字。毛本當誤從尤、建二本等，陳校當從《尚書》等正之。

揖讓異於干戈　　注：舜禹，揖讓也；湯武，下戈也。

【陳校】

注「下戈」。「下」，「干」誤。

【疏證】

奎本以下諸六臣合注本、尤本悉作「干」。謹案：二句與本書袁彥伯《三國名臣序贊》「揖讓之與干戈，文德之與武功」注引《孔叢子》作「曾子謂子思曰：『舜禹揖讓，湯武用師。非相詭，乃時也』」意同。「下」字，毛本刻工偶誤。陳校但據正文及注上下文，即可正之，無煩披贛、尤諸本也。

暴踊膏杜　　注：《六韜》曰：紂患刑輕，乃更為銅柱，以膏塗之。

【陳校】

「杜」，「柱」誤。

【疏證】

諸《文選》本咸作「柱」。謹案：《海錄碎事》卷十二作「柱」。五臣作「柱」，濟注可證。但據善注，可證正文作「杜」之譌。毛本傳寫形近而譌，陳校當據善注、五臣濟注、尤本等正之也。

民怨神怒　　注：鄭玄《五行尚書傳》注曰：民怨神怒。

【陳校】

注「五行尚書」，當作「尚書五行」。

【疏證】

奎本以下諸六臣合注本、尤本悉作「尚書五行」。謹案：語見《尚書大傳・洪範五行傳》鄭注。本書謝希逸《月賦》「朒朓警闕」注、傅武仲《舞賦》「闇跳獨絕」注、陸士衡《擬古詩・擬東城一何高》「零露彌天墜」注、《演連珠（臣聞託闇）》「是以重光發藻」注、顏延年《宋文皇帝元皇后哀策文》「上清朓側」注引並作「《尚書・五行傳》」。毛本獨倒，陳校無須本書內證、尤本等，信手正之耳。

瞻烏靡託　　注：《毛詩》曰：瞻為爰止，于誰之屋。

【陳校】

注「瞻為」。「為」，「烏」誤。

【疏證】

奎本以下諸六臣合注本、尤本悉作「烏」。謹案：語見《毛詩注疏・小雅・正月》，正為「烏」字，《藝文類聚》卷九十二、《太平御覽》卷一百八十一、卷四百七十一、卷九百二十引並同。毛本獨因形近而誤，陳校當從《毛詩》、尤本等正之。

龍飛黑水　　注：何之元《梁典》曰：（永元）三年十二月，義旗發自襄陽，己西，檄京師。

【陳校】

注「三年」。「三」，「二」誤。「己西」。「西」，「酉」誤。

【集說】

胡氏《考異》曰：注「三年十二月」。陳云：「三，二誤。」是也，各本皆譌。

梁氏《旁證》曰：陳校「三」改「二」。按：永元三年三月，和帝即位，改元中興元年。其永元三年，自不當有十二月。至以「三年」改為「二年十二月」，則於「義旗發自襄陽」情事不合。《南齊書・東昏侯紀》云：「十二月。雍州刺史梁王起義兵於襄陽」，然未嘗進兵也。《梁書・武帝紀》：「永元三年二月，南康王為相國。以高祖為東征將軍，給鼓吹一部。戊申，高祖發襄陽」，《南史・梁本紀》同。是為三年二月。疑此注引《梁典》，衍「十」字耳。

【疏證】

奎本以下諸六臣合注本、尤本悉作「三」、「西」。謹案：陳校改「三年」為「二年」，當是據注上文「永元二年十一月，高祖擁南康王寶融以主號令，以高祖督前鋒」云云，惟高祖「發襄陽」距「為前鋒」二事似時隔過遠。倘果出於此種考慮，則《梁典》亦可是月份之誤。按《梁書‧武帝紀上》作：「三年二月，南康王為相國，以高祖為征東將軍。戊申，高祖發襄陽。」今坊本《梁書》校勘記云：「三年二月，『二月』當作『正月』。下云：『戊申，高祖發襄陽。』是年正月丙申朔，戊申，為正月十三日。」其校甚是。然則，據《梁書》，高祖為征東將軍在三年正月，發襄陽則在同月十三日，時日益近。故「發襄陽」事，《梁典》之「十二月」，當是「正月」之誤。余與梁氏皆從疑月份切入，思路略同，結論略有異同。

協彼離心　注：《尚書》曰：受有億兆夷人，脫離心德。予有亂臣十人，同心同德。

【陳校】

注「脫離心德」。「脫」字衍、「心」下脫「離」字。

【疏證】

奎本、明州本、贛本、尤本無「脫」字、不脫「離」字。建本重「離德」字。謹案：語見《尚書注疏‧泰誓中》，正作「離心離德」，《太平御覽》卷四百三引同。《法言‧孝至篇》「一人之得心矣」注、本書任彥昇《為范尚書讓吏部封侯第一表》「臣釁等離心」注、曹元首《六代論論》「遂乃郡國離心」注引亦同。毛本傳寫獨衍、脫，陳校當據《尚書》、本書內證、尤本等正之。

折簡而禽廬九，傳檄以下湘羅　注：《魏略》曰：王陵密欲立楚王彪。司馬宣王自討之，陵自縛歸罪，遙謂太傅曰：卿直以折簡召我，我不當至邪？太傅曰：以卿非肯遂折簡者也。廬，廬江；九，九江，二郡名也。伏滔《正淮》曰：廬九之間，流溺兵死者，十而七八焉。

【陳校】

注「王陵」，當作「王凌」。下「陵」字同。又「非肯遂折簡」。「遂」，「逐」誤。「廬九」。「廬」，「盧」誤。又按，「折簡」句，謂諭降江州刺史陳伯之也。「廬九」，自指江州之匡廬、九江耳。猶下句敘平湘州事，亦舉州境之湘、羅

二江為言，與淮南之廬、九二郡無涉。注俱失之，並下伏滔語亦屬誤引。

【集說】

胡氏《考異》曰：注「魏略王陵」。陳云：「陵，當作淩，下同」。是也，各本皆誤。又曰：注「以卿非肯遂折簡者也」。陳云：「遂、逐誤。」是也，各本皆誤。

梁氏《旁證》曰：陳校「陵」，改「淩」，下同。「遂」，改「逐」。各本皆誤。

【疏證】

奎本、明州本、尤本、建本惟「廬九」字不誤，餘誤同。贛本惟誤「遂」，餘不誤。謹案：王淩事見《魏志・王淩傳》裴注，正作「淩」、「逐」字。《世說新語・方正》「淮妻太尉王淩之妹，坐淩事當並誅」注引亦作「淩」、「逐」字。毛本等誤從尤、建二本等，陳校當從贛本、《魏志》注正之。伏滔語載《晉書・伏滔傳》，正作「廬九」，奎本以下諸六臣合注本、尤本同。毛本獨傳寫形近誤，陳校當從《晉書》、尤本等正之。本條陳氏兼論善注之不當，尤見陳校精於輿地之特長。

曾未浹辰　注：《左氏傳》：君子曰：莒恃其陋，不終其城郭。浹辰之間，而楚克其三都。

【陳校】

注「不終其城郭。」「終」，「脩」誤。

【疏證】

奎本以下諸六臣合注本、尤本悉作「脩」。謹案：事見《春秋左傳注疏・成公九年》，正作「脩」，本書劉越石《勸進表》「曠之浹辰」注引同。《太平御覽》卷一百九十二、《記纂淵海》卷五十二並作「修」，「修」與「脩」同。毛本獨傳寫而誤，陳校當從《左傳》、本書內證、尤本等正之。

納寵敘之圖　注：《春秋元命苞》曰：堯游河渚，赤龍負圖以出。圖亦如綈狀，龍沒圖在。

【陳校】

「寵」，「龍」誤。又注「圖亦」。「亦」，「赤」誤。

【疏證】

　　奎本以下諸六臣合注本、尤本悉作「龍」、「赤」。謹案：據注可正正文「寵」之譌。《唐開元占經》卷一百二十引、孫氏《古微書‧春秋元命包》載，並作「赤」。二字，毛本獨誤，陳校當從善注、尤本等正之。

布教都畿　注：《周易》曰：正月之吉始和，布教于邦國都鄙。

【陳校】

　　注「《周易》」。「易」，「禮」誤。

【集說】

　　余氏《音義》曰：「《周易》曰正」。「易」，何改「禮」。

【疏證】

　　奎本以下諸六臣合注本、尤本悉作「禮」。謹案：語見《周禮注疏‧大司徒》，《太平御覽》卷六百二十二。毛本獨傳寫偶譌。陳、何校蓋從《周禮》、尤本等正之。

謀恊上策　注：《東觀漢記》：段穎上疏曰。

【陳校】

　　注「段穎」。「穎」，「潁」誤。

【疏證】

　　奎本、建本同。明州本作「穎」。贛本、尤本作「潁」。謹案：事見《東觀漢記‧段潁傳》，正作「潁」，《後漢書‧段潁傳》、《通志‧段潁傳》同。潁，字紀明，與名從火應。穎，古無此字，後為「穎」、「潁」之俗字，分別見《字彙‧頁部》、《篇海類編‧頁部》。頴，古文「耿」字。《五音集韻‧五迴》：「耿，耿耿小明也。頴，古文。」《古今韻會舉要》卷十五：「頴，光也。《詩》：『不出于頴。』朱氏《詩傳》曰：『與耿同。小光也。』」音、義與「穎」等皆不同。毛本誤從建本等，陳校當從《東觀漢記》、《後漢書》、尤本等正之。

劍騎穹廬之國　注：《漢書》：烏孫公主歌曰：彎廬為室兮旃為墻。

【陳校】

　　注「彎廬」。「彎」，「穹」誤。

【疏證】

　　奎本以下諸六臣合注本、尤本悉作「穹」。謹案：歌見《漢書・西域傳》，正作「穹」，《藝文類聚》卷四十三引、《冊府元龜》卷九百七十八、《通志・烏孫》、《樂府詩集・雜歌謠辭・烏孫公主歌》並同。本書丘希範《與陳伯之書》「對穹廬以屈膝」注引亦同。陳校當從《漢書》、本書內證、尤本等正之。

同川共穴之人　　注：杜篤《論都賦》曰：同穴裘楊之城，共穿鼻飲之國。

【陳校】

　　注「裘楊」。「楊」，「褐」誤。「共穿」。「穿」，「川」誤。

【集說】

　　余氏《音義》曰：「裘楊」。「楊」，何改「褐」。

【疏證】

　　奎本、尤本、建本作「楊」。明州本作「褟」、贛本作「褐」。奎本以下諸六臣合注本、尤本並作「川」。謹案：語見《後漢書・杜篤傳》，「同穴裘褐之域」章懷注：「同穴，挹婁之屬也。衣裘褐，北狄也。」字正作「褐」、「川」。《方言》卷十引《後漢書》同。陳校改「褟」，尚非。當從何校依《後漢書》、贛本等改「褐」。蓋「褐」，裘上之短衣也。《禮記注疏・檀弓上》：「袪褐之可也」鄭注：「褐，表裘也。有袪而褐之，備飾也。」孔疏：「褐，謂裘上又加衣也。」本為中原服飾，與下文北狄之「鼻飲」不合，故必作「褐」字方切。本條大略可別何、陳師徒校《選》之高下。又，奎本、尤本等作「楊」，已是「褐」之譌，傳寫從「衤」，則是譌中譌。明州本右旁復從「易」，則誤益甚。古書之難校，由此可見。毛本本從尤本等，複以形近譌「楊」、音近譌「穿」耳。

幕南罷鄣　　注：《蒼頡》曰：障，小城也。

【陳校】

　　注「《蒼頡》」下，脫「篇」字。

【集說】

　　顧按：此非脫。《西京賦》、《七命》、《陽給事誄》俱有。

胡氏《考異》曰：注「《蒼頡》曰。」何校「頡」下添「篇」字，陳同。各本皆脫。

梁氏《旁證》同胡氏《考異》。

【疏證】

奎本以下諸六臣合注本、尤本悉同。謹案：毛本獨脫，陳、何校當據《漢書‧藝文志》等補。今檢毛本班叔皮《北征賦》「登鄣隧而遙望兮」注不脫，而《西京賦》「所惡成瘡痏」注、《七命》「若乃追清哇」注、《陽給事誄》「乘障犯威」注，三條引並脫。本條，顧按「此非脫」，或初以此為注家之省而云爾，然至刻《考異》，亦易舊說矣。此亦可見顧校之審慎。

河西無警　注：謝承《後漢書》曰：祝良為梁州刺史，歷年無警。

【陳校】

「梁」，疑當作「涼」。祝良刺涼州，見范史《陳龜傳》。

【集說】

胡氏《考異》曰：注「祝良為梁州刺史。」陳校云云。案：所校是也，各本皆誤。

梁氏《旁證》曰：陳曰云云。是也。各本皆誤。按劉昭《續志》本無「梁州」。

【疏證】

奎本以下諸六臣合注本、尤本悉誤。謹案：《後漢書‧陳龜傳》云「前涼州刺史祝良初除到州，多所糾罰」云云、又「龜臨行上疏曰：『前涼州刺史祝良，初除到州，多所糾罰，太守令長，貶黜將半；政未踰時，功効卓然。』」並是當作「涼」之證，《資治通鑑‧漢紀‧孝桓皇帝上之下》、《通志‧陳龜傳》、《冊府元龜》卷四百七、卷五百二十六並同。奎、尤本當因音近而誤，毛本誤從尤、建二本等，陳校當從今本《後漢書》等正之。

忘茲鹿駭　注：《鹽鐵論》曰：……則中國無呴吠之警。

【陳校】

注「呴吠」。「呴」，「狗」誤。

【集說】

余氏《音義》曰：「呴吠」。「呴」，何改「狗」。

【疏證】

奎本以下諸六臣合注本、尤本悉作「狗」。謹案：語見《鹽鐵論·險固》，字正作「狗」。本或作「犬」，亦得。《漢書·嚴助傳》有「今方內無狗吠之警」師古曰：「方內，中國四方之內也。」同書《嚴安傳》則已作「中國無狗吠之警」，與《鹽鐵論》語，幾無別矣。毛本傳寫而誤，陳、何當從《鹽鐵論》、尤本等正之。

啟設郊丘　注：《周禮》曰：冬至，於地上之圓丘，樂六變。天神皆降。

【陳校】

注「樂六變」。「樂」上脫「若」字。

【集說】

余氏《音義》曰：「圓丘」下，何增「若」字。

【疏證】

奎本以下諸六臣合注本、尤本悉有「若」字。謹案：《周禮注疏·春官·大司樂》作「奏之，若樂六變，則天神皆降，可得而禮矣。」正有「若」字，《東觀漢記·樂志》引《周官》、《藝文類聚》卷三十八、《太平御覽》卷五百二十七、卷五百六十三引並同。本書張平子《東京賦》「六變既畢」注引亦有「若」字。毛本傳寫獨脫，陳校當從《周禮》、本書內證、尤本等正之。

方面靜息　注：楚辭客主言曰：晉王聖明，方面割地。

【陳校】。

注「楚辭」。「辭」字衍、「楚」上脫「孫」字。

【集說】

余氏《音義》曰：「楚辭客」。「辭」，何改「孫」，刪「客」字。

梁氏《旁證》曰：注「孫楚客主言曰。」毛本脫「孫」字，「楚」下衍「辭」字。

姚氏《筆記》曰：注「楚辭客主言」。按：「楚」上增「孫」字、「楚」下滅「辭」字。

【疏證】

奎本以下諸六臣合注本、尤本悉作「孫楚客主言」。謹案：孫楚，孫子荊也，有《集》六卷，見《隋書·經籍志》四。「客主言」，疑為孫著。毛本傳寫衍、脫，陳校蓋從尤本等，或是。依余錄何校，則作「楚孫主言」。此余氏誤錄：既顛倒「孫楚」，復誤刪「客」字。

乃假天闕於牛頭　注：《丹陽記》曰：議者皆言漢司徒義興許彧墓，二闕高壯。

【陳校】

注「許彧」。「彧」，「彧」誤。

【疏證】

奎本以下諸六臣合注本、尤本悉作「彧」。謹案：《藝文類聚》卷六十二引山謙之《丹陽記》，正作「彧」，《太平御覽》卷一百七十九引同。《後漢書·靈帝紀》作「太尉許馘」、《劉陶傳》作「太尉許馘」。「彧」與「彧」古字通，已見上袁彥伯《三國名臣序贊》「始救生人」條。《玉篇·戈部》：「馘，有文章也。亦作彧。」是馘、馘、彧、與彧，四字並通。毛本不得謂誤，陳校不必因贛、尤二本等改矣。

作範垂訓　注：郤正《澤讖》曰：創制作範，匪時不立。

【陳校】

注「澤讖」。「澤」，「釋」誤。

【疏證】

奎本以下諸六臣合注本、尤本悉作「釋」。謹案：語見《蜀志·郤正傳》，云：「依則先儒，假文見意，號曰《釋讖》」，《冊府元龜》卷七百七十引同，本書傅季友《為宋公修楚元王墓教》「作範後昆」注引亦同。段注《說文·水部》：「澤，又借為釋字。」《毛詩注疏·周頌·載芟》「其耕澤澤」鄭箋：「將耕，先始芟柞其草木，土氣烝達而和耕之，則澤澤然解散。」釋文：「澤澤，音釋釋。注同。」《老子·道經》：「渙兮若冰之將釋」，《馬王堆漢墓帛書·老子乙本·道經》：「渙呵其若凌澤。」並其證。毛本用段字不誤，陳校不必以《蜀志》、尤本等改之。

旁映重疊 注：《七命》曰：重殿疊起，交綺對愰。

【陳校】

注「對愰」。「愰」，「幌」誤。

【疏證】

奎本同。明州本、贛本、尤本、建本作「幌」。謹案：《七命》載在本書，則作「楦」，注引《集略》曰：楦，以帛明窻也。《晉書·張協傳》亦作「楦」。《藝文類聚》卷五十七引《七命》同明州本等。「幌」、「楦」皆可：《說文·木部》「櫎」，段注曰：「櫎，一變為楦，再變為幌。」參上《七命》「交綺對楦」條。毛本作「愰」，似誤矣，然檢《龍龕手鑑·心部》：「愰，胡廣反。幛幔也。正從巾。」然則，從巾為正，從忄與從木，並為其音義並同之或體字耳。毛本必有所自，況有奎本之現成證明在。陳校遽謂其誤，未是也。

勢超浮柱 注：《甘泉賦》曰：枕浮柱之飛榱兮，袖莫莫而扶傾。

【陳校】

注「枕浮柱」。「枕」，「炕」誤。又「袖莫」。「袖」，「神」誤。

【疏證】

建本誤皆同。奎本、明州本、贛本誤「枕」、作「神」。尤本作「抗」、「神」。謹案：《甘泉賦》載在本書，作「炕」、「神」。善注曰：「炕，舉也。炕與抗古字同。」《漢書·揚雄傳》作「炕」、「神」。師古曰：「炕與抗同。抗，舉也。」善與顏監注同。《玉海》卷一百五十九引作「抗」、「神」。宋·李誡《營造法式·侏儒柱》引《甘泉賦》、本書王文考《魯靈光殿賦》「浮柱岹嵽以星懸」注、馬季長《長笛賦》「抗浮柱」注引並作「抗」。毛本二字，並同建本，此又建、毛有從出關係之明證。陳校當從《漢書》、本書內證、尤本等正之。

俯臨煙雨 注：望原隰，臨煙雲，言其高也。

【陳校】

注「煙雲」。「雲」，「雨」誤。

【集說】

胡氏《考異》曰：注「臨煙雲。」陳曰云云。是也，各本皆誤。

梁氏《旁證》曰：陳校「雲」，改「雨」。各本皆誤。

【疏證】

　　奎本以下諸六臣合注本、尤本誤同。謹案：但據正文，即可正注「雲」之誤。五臣銑注亦從正文作「雨」。毛本當誤從尤、建二本等，陳校當從正文、五臣銑注等正之。

暑來寒往……永配無疆　　注：《集》云：盤（古）〔石〕鬱崥重奸穹隆色法上圓製模十四字，是至尊所改也。

【陳校】

　　注「重奸」。「奸」，「軒」誤。

【疏證】

　　奎本以下諸六臣合注本、尤本悉作「軒」。謹案：十四字皆出本文，但覈本篇上文即可糾正，毛本上文亦作「軒」不誤，至注傳寫魯莽，一至於此。陳校當從本篇上文、尤本等正之。

新刻漏銘一首　　陸佐公

陸佐公　　注：司馬彪《續漢書》曰：孔壺為漏，浮箭為刻。

【陳校】

　　注「孔壺」。「壺」，「壺」誤。

【疏證】

　　奎本以下諸六臣合注本、尤本悉作「壺」。謹案：《後漢書·律曆志下》作「壺」，可為佐證。《北堂書鈔》卷一百三十「孔壺為漏，浮箭為刻」條注引《後漢書》同。《白孔六帖》卷一、卷三十一、《海錄碎事》卷二、《玉海》卷十一（三引）並同。毛本獨因形近而誤，陳校但據漏刻常識，便可信手正之，無須披贛、尤二本、《後漢書》等也。

徹宮戒井　　注：衛宏《漢書儀》曰：夜漏起……城門擊刁斗。

【陳校】

　　注「刁斗」。「刁」，「刁」誤。

【集說】

胡氏《考異》曰：「刁」字本作「刀」。後人作「刁」以別之，蓋已久矣。此作「刀」者，轉因譌而偶合於古。見《考異》「擊刀舛次」條。

張氏《膠言》曰：胡中丞曰：「刁字本作刀」云云。見《膠言》「擊刁舛次」條。

梁氏《旁證》同胡氏《考異》。見《旁證》「擊刁舛次」條。

【疏證】

奎本、明州本、尤本同。贛本、建本作「刁」。謹案：前胡說是。「刁斗」傳寫，久已習譌成是矣。陳校從贛本、本書內證等，固是；毛本從尤本等，亦不得謂非也。參上王仲宣《從軍詩》「從軍有苦樂」條等。

乘天垂旨

【陳校】

「乘」，「承」誤。

【集說】

孫氏《考異》曰：「承天垂旨。」「承」，誤「乘」。

許氏《筆記》曰：何改「承天垂旨。」嘉德案：茶陵本作「承天」，何依六臣本校。

【疏證】

諸《文選》本悉作「承」。謹案：《玉海》卷十一作「承」。「承天垂旨」對上文「弘度遺篇」陳、何氏似實無待他本，信手可正。然「承」、「乘」音近可通。《說文通訓定聲·升部》：「承，叚借為乘。」《文苑英華》卷五百九十李嶠《代羣官謝恩表》：「陛下配天立極，撫運承時」注：「一作乘。」《佩文齋廣羣芳譜》卷六十九盧綸《孤松吟酬渾贊善》：「朱門青松樹，萬葉乘清露。」《全唐詩》卷二百七十八作「承，注：「一作乘。」並其證。毛本未必誤，陳何不改宜也。

功均柱地　注：《列子》曰：⋯⋯怒而觸不周之山。折天柱，紀地維也。

【陳校】

注「紀地維」。「紀」，「絕」誤。

【疏證】

奎本以下諸六臣合注本、尤本悉作「絕」。謹案：事見《列子‧湯問》，正作「絕」字。《論衡‧談天篇》同。《太平御覽》卷二、卷四百九十六、《古今事文類聚》別集卷十八引、《初學記》卷一「絕維」注引同。毛本獨因形近而誤，陳校當從《列子》、尤本等正之。

察四氣之盈虛　注：《爾雅》曰：夏為長贏。

【陳校】

注「夏為長贏。」「贏」，「贏」誤。

【疏證】

奎本、尤本同。明州本、贛本、建本作「贏」。謹案：《太平御覽》卷十九引「《尸子》」作「贏」。《冊府元龜》卷九十六則作「贏」。《爾雅》，見《釋天‧四時》篇，《爾雅注疏》作「贏」，而《爾雅注》則作「贏」字。「贏」，「盈」之借字。與正文正相應。參上班孟堅《幽通賦》「故遭罹而贏縮」條。毛本從尤本不誤。陳校當從贛本等，然不必改也。此亦陳氏疏於通假之證。

課六歷之疎密　注：《漢書》曰：漢興，張蒼用顓頊歷。此於六歷，疏濶中最為微近。

【陳校】

注「此於六歷」。「此」，「比」誤。

【疏證】

贛本、尤本、建本作「比」。奎本、明州本作「同翰注」，翰注作「比」。謹案：語見《漢書‧律歷志一上》，正作「比」字，《宋書‧歷志上》、《太平御覽》卷十六引、王應麟《漢藝文志考證‧天文》「顓頊歷二十一卷」注引並同。毛本獨因形近傳寫而誤，陳校當從《漢書》、尤本等正之。

有陋昆吾　注：《西都賓序》曰：有漏洛邑之議。

【陳校】

注「有漏」。「漏」，「陋」誤。

【疏證】

明州本、建本誤同。奎本、尤本作「陋」。贛本作「《兩都賦序》曰有陋」。謹案：語見本書《兩都賦序》，正作「陋」字，《藝文類聚》卷六十一同。彼書同卷復有一節文字，云：「後漢張衡《西京賦》曰：『班固觀世祖遷都于洛邑，懼將必踰溢制度，不能遵先聖之正法也，故假西都賓盛稱長安舊制，有陋洛邑之議。而為東都主人折禮衷以答之。張平子薄而陋之，故更造焉。』」頗類張平子《二京賦序》，與班固《兩都賦序》體制上有相似之處，當初或為蕭《選》所刪。且亦涉及「陋」字之校，因附識於此。毛本當誤從建本等，陳校當從本書內證、尤本等正之。奎、尤、毛三本稱「西都賓序」，透露出當時李善所持本《文選》卷首題署之原貌。大題當作「兩都賦一首並序」。（五臣陳本在序末「辭曰」下，復贅有「兩都賦」大題，即是殘漏之遺跡）《西都》、《東都》祇是一篇，西都為賓，東都為主，一問一答。並無子目「西都賦」一行。不像今本大題作「兩都賦序」，其下復有「西都賦」、「東都賦」兩子目，故奎本等引此語祇得稱「西都賓序」。如贛本作「《兩都賦序》曰」者，反失其本矣。

乃詔小臣為其銘曰

【陳校】

「其銘曰」下，脫「注：『《集》曰：『銘』一字至尊所改。勅書辭曰，『故當云銘』」三句。

【集說】

余氏《音義》曰：「銘曰」。六臣本善注：「《集》曰：『銘』一字至尊所改。勅書辭曰：『故當云銘。』」

梁氏《旁證》曰：六臣本此下有善注「《集》曰：銘一字」云云十七字，毛本誤脫。

姚氏《筆記》曰：何云：「《集》曰：『銘』一字至尊所改。勅書辭曰：『故當云銘。』」此注在「銘曰」之下，脫去。

許氏《筆記》曰：「銘曰」下，何加注「《集》曰：『銘』一字至尊所改」云云十七字。嘉德案：茶陵本善注有「集曰」云云十七字。各本皆脫，何依六臣本增之，今補入。蓋此銘初為「辭」，帝改為「銘」。

黃氏《平點》曰：「乃詔小臣為其銘。」「銘」，原作「辭」也。

【疏證】

奎本以下諸六臣合注本、尤本悉有此注。謹案：《太平御覽》卷五百九十引劉璠《梁典》曰：「天監六年，帝以舊國漏刻乖舛，乃敕員外郎祖暅治之。漏成，命太子舍人陸倕為文。其《序》曰：『乃詔臣為銘。』按《倕集》曰：銘一字，至尊所改也。」可為佐證。毛本傳寫偶脫，陳校當從贛、尤二本等補之。

禮術銷亡　注：《毛詩序》曰：齊宣公時，禮義消亡。

【陳校】

注「齊宣公時。」「齊」，當作「衛」。

【集說】

余氏《音義》曰：「齊宣」。「齊」，何改「衛」。

胡氏《考異》曰：注「禮義消亡。」袁本、茶陵本「禮」上，有「齊宣公之時」五字。案：當衍「齊」字耳。何、陳校皆改「齊」為「衛」。

梁氏《旁證》曰：注「齊宣公之時。」何校「齊」改「衛」。尤本無上五字。

【疏證】

尤本「禮」上無「齊宣公時」四字。奎本、明州本、建本作「齊宣公之時」五字。贛本獨作「衛宣公之時。」謹案：語見《衛風‧氓序》，原序固無「衛」字。毛本誤從尤本。陳、何當從贛本，「衛」字，原序承上可省；何、陳所加，蓋以明所出，不得謂衍。《考異》說，欠妥。參拙著《何校集證》。

蓂莢晨生　注：《田休子》曰：堯為天子，蓂莢生於庭，為帝成歷也。

【陳校】

注「田休」。「休」，當作「俅」。

【疏證】

明州本、建本誤同。奎本、贛本、尤本作「俅」。謹案：《漢書‧藝文志》載：「《田俅子》三篇」注：「先韓子」。本書張平子《東京賦》「蓋蓂莢為難蒔也」注、應吉甫《晉武帝華林園集詩》「蓂莢載芬」注、張景陽《七命（沖漠）》「悲蓂莢之朝落」注、王元長《三月三日曲水詩序》「歷草滋」注引並作「俅」。《玉海》卷一百九十七引王元長《詩序》「歷草滋」注，亦作「俅」。毛

本當誤從建本等，陳校當從本書內證、尤本等正之。

王仲宣誄一首　曹子建

誰謂不庸

【陳校】

「庸」，「痛」誤。

【集說】

余氏《音義》曰：「痛」，善作「庸」。

孫氏《考異》曰：善本作「庸」，五臣作「痛」。

胡氏《考異》曰：何校「庸」改「痛」，陳曰云云。袁本、茶陵本作「痛」，云：善作「庸」。案：「庸」字不可通。蓋各本所見，皆傳寫誤。

梁氏《旁證》曰：六臣本「庸」作「痛」。何、陳據改，是也。「庸」字但傳寫誤。

【疏證】

尤本同。五臣正德本、陳本作「痛」，奎本以下諸六臣合注本同，有校云：善作「庸」。謹案：《藝文類聚》卷四十八、嘉定本《曹子建集》、《海錄碎事》卷二十一引，皆作「痛」。今觀與隔句「誰謂不傷」相對，自當以作「痛」為是。前胡說是。毛本當誤從尤本，尤本則誤信明、贛二本校語爾。

于**魏**之疆　注：國稱《陳留風俗記》曰。

【陳校】

注「國稱」。「國」，「圈」誤。

【集說】

胡氏《考異》曰：注「國稱《陳留風俗記》曰。」何校「國」改「圈」，陳同。是也，各本皆譌。

梁氏《旁證》同胡氏《考異》。按：《隋書・經籍志》：「記」，作「傳」。

【疏證】

奎本以下諸六臣合注本、尤本誤同。謹案：書見《隋書・經籍志二》作

「《陳留風俗傳》三卷。圈稱撰」。顏師古《匡謬正俗》卷八：「圈稱《陳留風俗傳·自序》云：『圈公之後。圈公為秦博士。避地南山。漢祖聘之不就，惠太子即位，以圈公為司徒。自圈公至稱，傳世十一。』」宋·董逌《廣川書跋》卷五：「《風俗通》：『楚鬻熊之後為圈。』考之《陳留志》：『圈公自是秦博士周庚，以常居圈中故謂圈公。昔圈稱撰《陳留風俗記》：《蔡邕集》有圈典、魏有圈文生，皆其後也。』此書作者或係託名，然「國」與「圈」形近，定是「圈」之誤，可必。毛本當誤從尤、建二本等，陳校當從《隋書·經籍志》、《匡謬正俗》等正之。

遠竄荆蠻　注：《毛詩》曰：喬爾蠻荆。

【陳校】

　　注「喬」，「蠢」誤。

【疏證】

　　奎本以下諸六臣合注本、尤本悉作「蠢」。謹案：《毛詩》，見《小雅·采芑》，正作「蠢」，《太平御覽》卷三百三、卷七百八十五引同。本書左太沖《吳都賦》「跨躡蠻荆」注、潘安仁《關中詩》「蠢爾戎狄」注、王仲宣《七哀詩（西京）》「遠身適荆蠻」注、陳孔璋《為曹洪與魏文書》「亦讐大邦」注引亦並作「蠢」。毛本傳寫因形近偶誤，陳校當從《毛詩》、本書內證、尤本等正之。

振冠南嶽，濯纓清川　注：盛弘之《荆州記》曰：……故東阿王《誄》云：振冠南嶽，濯纓清川。《集》本清，或為淯羈也。

【陳校】

　　注「東阿王《誄》」。「誄」，「誅」誤。又「或為淯羈也。」「為」，「謂」誤、「羈」，當作「誤」。

【疏證】

　　奎本以下諸六臣合注本、尤本悉作「誅」、「為」、「誤」。謹案：「誄」字之誤，顯而易見，所謂「東阿王《誄》」，即本篇也。毛本誤「誅」，蓋因形近傳寫而譌。陳正之，是。陳校改「羈」為「誤」亦是；而改「為」作「謂」，則真蛇足。「為」，與「謂」本通，屢見本書如：劉越石《勸進表》「再辱荒逆」注：「再，為懷、愍二帝也」。奎本以下諸六臣合注本、尤本悉作「謂」。毛本獨作「為」。無須改也。

審「清，或為淯誤也」，乃李善羅列曹《集》本文「清」之或說，蓋以「清」為「淯」之所譌也，在李善惟為廣異聞，非斷或本作「淯」之誤也。本書《南都賦》：「淯水盪其胷」注引「《山海經》曰：『攻離之山，淯水出焉，南流注于漢。』郭璞曰：『今淯水在淯陽縣南。』」沈氏《水經注集釋訂訛·淯水》：「淯水，出弘農盧氏縣攻離山東南，過南陽西鄂縣西北，又東過宛縣南」注：「淯水，在南陽府城東三里，俗名曰白河。其源自嵩縣雙雞嶺東南，流經南陽新野……等河，與泌水合流，南至襄陽入漢江」云云，並與注引《荊州記》王仲宣宅在襄陽事合，然則，或說作「淯」正切。今坊本（《文選》胡刻尤本）於「清」下斷句，則其義必然是以或本作「淯」為誤矣。此非善初衷也。標點者蓋亦不明：此處尤本一如毛本，借「為」作「謂」之故耳。可不慎歟？

君乃義發　注：《魏志》曰：劉表卒，粲勸表子班，令降太祖。

【陳校】

　　注「表子班」。「班」，「琮」誤。

【集說】

　　余氏《音義》曰：「子班」。「班」，何改「琮」。

【疏證】

　　奎本以下諸六臣合注本、尤本悉作「琮」。謹案：事見《魏志·王粲傳》，字正作「琮」，裴注引「《文士傳》載粲說琮曰」云云。《通志·王粲傳》、《冊府元龜》卷七百二十六作「琮」同。陳、何校當從《魏志》、尤本等正之。

寢疾彌留　注：《尚書》：王曰：病日一。既彌日。

【陳校】

　　注「病日一。既彌日。」「一」，「臻」誤、「日」，「留」誤。

【疏證】

　　奎本以下諸六臣合注本、尤本悉作「臻」、「留」。謹案：語見《尚書注疏·顧命》，正作「病日臻，既彌留」，《古今事文類聚》前集卷四十九及《古今合璧事類備要》前集卷六十二「病既彌留」引並同，本書王仲寶《褚淵碑文》「大漸彌留」注、沈休文《齊故安陸昭王碑文》「而遘疾彌留」注引亦同。毛本獨傳寫而誤，陳校當從《尚書》、本書內證、尤本等正之。

超登景雲，要子天路　注：《孝經接神契》曰：德至山陵，則景雲出。

【陳校】

注「接神」。「接」，「援」誤。

【疏證】

奎本以下諸六臣合注本、尤本悉作「援」。謹案：《隋書・經籍志一》載：「《孝經援神契》七卷。宋均注」。《藝文類聚》卷七十一等、《太平御覽》卷八等引作「援」，本書應吉甫《晉武帝華林園集詩》「龍翔景雲」注、王元長《三月三日曲水詩序》「澤馬來」注引並作「援」。建本「援」字，酷似「接」字，此當毛本致誤之緣。陳校無須披贛、尤二本、《隋書》、本書內證等，信手可正爾。

白驥悲鳴　注：李陵詩曰：轅馬願悲鳴。

【陳校】

注「願悲鳴」。「願」，「顧」誤。

【疏證】

奎本以下諸六臣合注本、尤本悉作「顧」。謹案：《藝文類聚》卷二十九「李陵《贈蘇武別詩》」，正作「顧」字，章樵註《古文苑》卷八引，《九家集注杜詩》、《補注杜詩・憶昔行》「三步回頭五步坐」注引並同。本書潘安仁《寡婦賦》「馬悲鳴而踟顧」注、石季倫《王明君辭》「轅馬悲且鳴」注、顏延年《宋文皇帝元皇后哀策文》「服馬顧轅」注引亦並作「顧」。毛本獨因形近傳寫而誤，陳校當從本書內證、尤本等正之。

楊荊州誄一首並序　潘安仁

選賢與能，政事以和　注：《禮記》曰：選賢與能，講脩修睦。

【陳校】

「事」，「是」誤。又注「講脩」。「脩」，「信」誤。

【疏證】

諸《文選》本咸作「是」。奎本以下諸六臣合注本、尤本悉作「信」。謹

案：「政是以和」係仲尼論政寬猛語，早見于《左傳‧昭二十年》，《藝文類聚》卷五十二、《白孔六帖》卷四十、《太平御覽》卷六百二十二等咸有援引，然「事」與「是」音近（之支旁轉），或得通。《新序‧雜事二》：「莊王曰：『善哉。願相國與諸侯士大夫共定國是』」，是其證。故疑毛本作「事」，未必音近而誤，當有來歷。陳不宜改。「選賢」二句，見《禮記注疏‧禮運》，正作「信」，《太平御覽》卷七十六、卷三百六十、卷五百二十二引同。毛本蓋涉下而重「修」，陳校當從《禮記》、尤本等正之。

弱冠味道　注：桓譚《答揚雄書》曰：子雲勤味道腴。

【陳校】

注「道腴」。「腴」，「腴」誤。

【疏證】

奎本以下諸六臣合注本、尤本悉作「腴」。謹案：《東雅堂昌黎集註‧雨中寄孟刑部幾道聯句》「美君知道腴」注引桓《書》、梅鼎祚《西漢文紀‧揚雄》引「選注」，作「腴」。本書班孟堅《答賓戲》「味道之腴」注、任彥昇《王文憲集序》「含經味道之生」注引桓《書》並作「腴」。毛本獨因形近偶誤，陳校當從本書內證、尤本等正之。

心算無垠　注：《答賓戲》曰：研喪心計於無垠。

【陳校】

注「研喪」。「喪」，「桑」誤。

【疏證】

奎本以下諸六臣合注本、尤本悉作「喪」。謹案：《漢書‧敘傳》作「桑」，《冊府元龜》卷七百六十九引同。《答賓戲》載在本書，正作「桑」，《玉海》卷五十八引同。謂桑弘羊也。毛本獨音近而誤，陳校當從本書內證、尤本等正之。

用錫土宇　注：《毛詩》曰：錫爾土宇，歸章青社。……毛詩《詩傳》曰：諸侯赤黻。

【陳校】

注「歸章青社」四字衍。又「毛詩《詩傳》」。上「詩」字，「萇」誤。

【集說】

胡氏《考異》曰：注「錫爾土字歸章」。案：「錫」字不當有。「歸」，當作「畈」。各本皆誤。

梁氏《旁證》曰：胡公《考異》曰：「錫」字不當有。「歸」，當作「畈」。

許氏《筆記》曰：嘉德案：注「《毛詩》曰：錫爾土字，歸章青社。」今《毛詩》無其文。茶陵本作「錫爾土字」，無「歸章青社」四字，皆有誤也。胡曰「錫字不當有。歸，當作畈。各本皆誤。」此胡氏依《毛詩・卷阿》文校，則「青社」二字當是衍文。依李注先引《毛詩》釋「用錫土字」，下用《尚書緯》釋「青社」例之，胡校似是也。然各本皆同，或李氏別用他書非《毛詩》。待考。

【疏證】

奎本、明州本、尤本、建本作「錫爾土字歸章」，下無「青社」字，作「萇」。贛本作「爾土字畈章」、「萇」。謹案：「爾土字」，見《毛詩注疏・大雅・卷阿》，正作「爾土字畈章」。「諸侯赤黻」，語見《毛詩注疏・小雅・車攻》，正為毛萇《傳》。毛本衍「錫」、誤「歸」皆誤從尤本等；「青社」二字，獨涉正文「青社白茅」竄入、上「詩」字則涉下「詩」字而譌也。贛本獨是，陳校未從，豈陳所見本為殘本歟？前胡校，是。嘉德說，得失參半。

實統禁戎　注：《一碑》曰：皇祖之始，典戎武衛。

【陳校】

注「一碑」。「一」，「肇」誤。

【疏證】

奎本以下諸六臣合注本、尤本悉作「肇碑」。謹案：「肇碑」字，屢見本篇注徵引，如：「臨軹作令」、「越登司官」等注並援之。此李善引潘《肇碑》以證潘《肇誄》爾。復檢本書潘氏《懷舊賦》「余十二而獲見于父友東武戴侯楊君」注「潘岳《楊肇碑》曰：『肇，字秀初。榮陽人，封東武伯。薨，謚曰；戴。』」則言之鑿鑿矣。毛本獨傳寫而誤，陳校本無須披贛、尤諸本，但從本篇善注信手可決耳。《碑》、《誄》、《賦》集於一身，繫於一手，此已開唐人韓文之先聲也。

滔滔江海，疆場分流　注：《毛詩》曰：滔滔江漢，南國之紀。

【陳校】

「海」，「漢」誤。

【集說】

孫氏《考異》曰：「海」，當從六臣本作「漢」。

許氏《筆記》曰：「江海」。依注作「江漢」。嘉德案：注明曰「江漢」，正文作「海」，傳寫譌也。六臣本作「江漢」，不誤。

【疏證】

諸《文選》本咸作「漢」。謹案：五臣亦作「江漢」，向注可證。但觀注引《毛詩·小雅·四月》「滔滔江漢」；又，此二句與上「茫茫海岱，玄化未周」，隔句相對為文，自不得重「海」字，亦可判字作「漢」為得。毛本傳寫而誤，陳校當從上下文義、善與向注、尤本等正之。

聞善若驚　注：《國語》楚藍尹文亹謂子西曰。夫闔廬聞一善言。

【陳校】

注「藍尹文」。「文」字，衍。

【疏證】

奎本、贛本作「亹」，明州本、尤本、建本作「釁」，諸本並無「文」字。謹案：事見《國語·楚語下》作「藍尹亹」，《冊府元龜》卷七百三十五引、《文章正宗》卷五引並同。然「亹」正「釁」俗。《廣韻·尾韻》：「《爾雅》：『釁釁，勉也。』亹俗。」諸本皆不誤。尤本所據本當亦作「文亹」二字，今合二為一，「亹」上有空格，刓痕猶存，毛本不知從改而衍一「文」字。陳校當從《國語》正之。亦未明二字原為正、俗字耳。

示威示德　注：《左氏傳》：蒼葛曰：德以柔中國。

【陳校】

注「蒼葛」。「蒼」，「倉」誤。

【疏證】

奎本以下諸六臣合注本、尤本悉作「倉」。謹案：檢《國語·周語中》「陽人不服，晉侯圍之。倉葛呼曰」，《晉語四》同，並作「倉」。而《春秋左傳注疏·

僖公二十五年》，殿本作「蒼」。按沈炳震《九經辨字瀆蒙・經典傳異・春秋左傳》：「『蒼葛呼曰』，蒼，作倉。」是注疏本作「蒼」，石經作「倉」。經傳異文，作「蒼」者，不以為誤也。毛本不誤，陳校從贛、尤本可，改毛本則非也。

偽師畏逼

【陳校】

「師」，疑當作「帥」。此謂步闡也。「師」乃廟諱，似不宜用。

【集說】

孫氏《考異》曰：金（甡）云：「師字似誤。宜作帥。謂步闡也。《左傳》曰：『呂郤畏偪。』」志祖按：何校改「帥」。

胡氏《考異》曰：「偽師畏逼。」何校「師」改「帥」。陳曰云云。案：所說是也。「帥」字別體作「帥」，因致譌耳，他書亦往往相混。

梁氏《旁證》曰：陳曰：「師當改帥」云云。

胡氏《箋證》曰：陳氏景雲曰「師當改帥」云云。

黃氏《平點》曰：依何焯說，「師」改「帥」。陳景雲謂：「為步闡。」是也。

【疏證】

諸《文選》本誤同。謹案：潘氏固當諱景帝「師」字。作「師」者，或後人竄改耳。此陳、何從避諱校《選》文，是。

景命其卒　注：蔡邕《楊公誄》曰：功成化治，景命有順。

【陳校】

注「化治」。「治」，「洽」誤。又，「有順」。「順」，「頃」誤。

【集說】

胡氏《考異》曰：注「景命有順。」何校「順」改「傾」，陳同。是也，各本皆譌。

梁氏《旁證》同胡氏《考異》。

【疏證】

奎本誤皆同（原誤「治」，後改作「洽」）。明州本、贛州本、尤本、建本作「洽」、誤「順」。謹案：語見《蔡中郎集・司空文烈侯楊公碑》，正作「洽」、「傾」，本書王仲寶《褚淵碑文》「景命不永」注引蔡《誄》同。「頃」、「傾」

古今字。段注《說文・頁部》：「頃，引申為凡傾仄不正之偁。今則傾行而頃廢。」《馬王堆漢墓帛書・十大經・姓爭》：「非德必頃」。皆其證。陳校蓋從古文。二字，毛本皆因形近而誤，陳、何當從蔡《集》、本書內證、尤本等改正。

聖王嗟悼　注：《肇碑》曰：肇薨，夫子愍焉。

【陳校】

「王」，五臣本作「主」，為是。又注「夫子愍焉。」「夫」，「天」誤。

【集說】

胡氏《考異》曰：「聖王嗟悼。」袁本云：善作「王」。茶陵本云：五臣作「主」。陳云：「王作主為是。」案：「王」，蓋傳寫誤。

【疏證】

尤本誤「王」。五臣正德本、陳本作「主」，奎本、明州本同，校云：善本作「王」。贛本、建本作「王」，校云：五臣本作「主」。奎本以下諸六臣合注本、尤本注悉作「天」。謹案：但據注《肇碑》有「遣謁者祠以少牢，謚曰戴侯」云云，則注固當作「天子」；依《肇碑》稱「天子」，則文自當稱「聖主」，而不得謂「聖王」，亦明矣。「王」字，毛本誤從尤、建二本等；「夫」字，毛本獨因形近而誤。陳校當從注文及五臣正之。

籠贈衾襚

【陳校】

「籠」，「寵」誤。

【疏證】

諸《文選》本咸作「籠」。謹案：毛本獨傳寫而誤，陳校當從上下文義、尤本等正之。

覆露重陰　注：《國語》：張老謂趙文子曰：先王覆覆露子也。

【陳校】

注「先王覆覆」。「王」，「主」誤、下「覆」字，衍。

【集說】

胡氏《考異》曰：注「先王覆露子也。」陳云：「王，主誤。」是也，各

本皆譌。

梁氏《旁證》曰：陳校「王」改「主」。各本皆誤。

【疏證】

奎本以下諸六臣合注本、尤本悉誤「王」、不重「覆」字。謹案：事見《國語·晉語六》，作：「是先主覆露子也」。韋注：「先主，謂成、宣也。」《海錄碎事》卷九上引作「先王覆露子也」，同尤本。諸《文選》本「王」字之誤，已見上「聖王嗟悼」條，毛本當誤從尤本等。毛本獨衍一「覆」字，陳校當從《國語》、尤本等正之。

俯感知己　注：《晏子春秋》：越石父曰：士者深乎知己也。

【陳校】

注「深乎知己」。「深」，「申」誤。

【疏證】

奎本以下諸六臣合注本、尤本悉作「申」。謹案：事見《晏子春秋·內篇·襍上》字作「伸」。《呂氏春秋·觀世》、《太平御覽》卷四百同。《史記·管晏列傳》：「君子詘於不知己而信於知己者」，則作「信」，《新序·節士》、《冊府元龜》卷七百九十一同。《史記索隱》曰：「信，讀曰申。」《北堂書鈔》卷三十九「左驂贖越石父」注引《史記》作「申」。本書盧子諒《贈劉琨》「其為知己，古人罔喻」注引作「申」。「申」、「伸」古今字。段注《說文·人部》「伸：宋·毛晃曰：『古惟申字，後加立人以別之。』」「信」，與「申」、「伸」通。《春秋》「信道而不信邪」范寧注：「信、申字古今所共用。」《荀子·不苟》「剛強猛毅，靡所不信」楊倞注：「信讀為伸，古字通用。」並其證。毛本獨因音近、復涉下正文而誤為「深」。陳校當從《晏子春秋》、本書內證、尤本等正之。

楊仲武誄一首　潘安仁

楊綏，字仲武

【陳校】

「楊綏」。「綏」，「經」誤。

【集說】

胡氏《考異》曰：「楊綏」。袁本、茶陵本「綏」作「經」，是也。此尤本誤字，何、陳校皆改「經」。

梁氏《旁證》曰：六臣本「綏」作「經」，是也。何、陳皆據改。

胡氏《箋證》曰：《旁證》曰云云。

許氏《筆記》曰：何云：「經，一作綏。」案：《三國志注》：「楊（壑）〔暨〕，字休先。（壑）〔暨〕子肇。肇子潭。潭子或，字長文、次經，字仲武。」不言楊綏也。嘉德案：尤本作「楊綏」。胡曰云云。

【疏證】

尤本同。奎本以下諸六臣合注本作「經」。謹案：前胡說未必是。揣摩《魏志》裴注載楊潭二子名與名、名與字、字與字咸有聯系：長子名或，義有文采，故字長文；次字仲武，與名「經」亦合，作「綏」，則義益切。豈初名「綏」，後更「經」歟？故尤本作「綏」，當有來歷，非傳寫之誤也。裴注謂「見《潘岳集》。」或所見已作「經」也。許錄「何云：『經，一作綏。』」「一作」，正指毛本爾。「一作」與「改」義亦有別。嘉德說較穩。

余之伉儷焉　注：《左氏傳》曰：已不能庇其伉儷而亡之，又不能字人之孤而殺之，將何以終？遂誓施氏。

【陳校】

注「將何以終？遂誓施氏」二句，舊刻無之，為是。

【集說】

胡氏《考異》曰：注「將何以終？遂誓施氏。」袁本、茶陵本無此八字。

【疏證】

尤本同。奎本以下諸六臣合注本皆無此二句。謹案：事見《春秋左傳注疏·成公十一年》，確有此二句，然覈之正文及注上下文義，似不必贅引，蓋善注本在釋「伉儷」二字耳。毛本當誤從尤本，陳校當從贛本等正之。

嗷嗷同生　注：《莊子》曰：我嗷嗷隨而哭之。

【陳校】

「同生」。謂仲武兄或也。或，字長文，見《魏志·田豫傳》注。

【疏證】

奎本以下諸六臣本、尤本悉同。謹案：此陳補善注之闕。檢良曰：「同生，謂兄弟也。」然則，陳校蓋從五臣出焉。裴注，見《魏志・田豫傳》「領軍楊暨舉豫應選」句下。謂「皆見《潘岳集》」。

涕沾于巾　注：張衡《四愁詩》曰：側身西望涕沾中。

【陳校】

注「側身西望涕沾中」。「西」，「北」誤、「中」，「巾」誤。

【疏證】

奎本以下諸六臣合注本、尤本悉作「北」、「巾」。謹案：張詩載在本書，正作「北」、「巾」，《藝文類聚》卷三十五、《玉臺新詠》卷九引、《九家集注杜詩・喜達行在所（其二）》「嗚咽淚沾巾」注引並同。本書潘安仁《懷舊賦》「涕泫流而霑巾」注引亦作「北」、「巾」。此毛本傳寫偶誤，陳校當從本書內證、尤本等正之。

撫櫬盡哀　注：杜預《左氏傳注》曰：櫬，棺也。

【陳校】

「櫬」，「櫬」誤。

【疏證】

諸《文選》本並注作「櫬」。謹案：五臣作「櫬」，翰注可證。杜注見《春秋左傳注疏・僖公六年》「士輿櫬」句下，文並注作「櫬」，本書陸士衡《挽歌詩（卜擇）》「歎息重櫬側」注引同。似陳亦無須披贛、尤二本及《左傳》，信手可正毛本之譌。然竊疑：棺槨之「櫬」與櫬衣之「襯」，音同、並有「親身」義，字或可通。考《康熙字典・衣部》：「襯，《唐韻》、《集韻》並初覲切，音櫬。近身衣也。」《禮記注疏・雜記上》：「其輴有裧」注：「輴，取名於櫬。櫬，棺也」。疏：「云輴取名於櫬與舊者，言此車所以名輴，凡有二義：一者取名於櫬。櫬，近尸也。」皆其證。然則，毛本作「櫬」，亦不必改也。

文選卷五十七

夏侯常侍誄一首　　潘安仁

字孝若，譙人也

【陳校】

　　「字孝若」下，脫「譙國」二字。

【集說】

　　孫氏《考異》曰：「譙人也。」六臣本句上有「譙國」二字。

　　胡氏《考異》曰：「譙人也。」袁本、茶陵本「譙」下有「國譙」二字。是也。此尤本脫。

　　梁氏《旁證》曰：六臣本作「譙國譙人也，」是也。此尤本脫二字。

　　姚氏《筆記》曰：「譙人也」。何云：「上脫譙國二字。」

　　許氏《筆記》曰：「孝若」下，何加「譙國」二字。嘉德案：六臣茶、袁二本及《晉書·湛傳》均有「譙國」二字，《集》亦有之。此脫也，今依何校增。

【疏證】

　　尤本同。《集注》本、五臣正德本、陳本、奎本以下諸六臣合注本「孝若」下，皆有「譙國」字。謹案：《集注》本《鈔》引「臧榮緒《晉書》」作：「□空脫一字國譙人」，今本《晉書·夏侯湛傳》、《蒙求集註》卷上「瓘靖二妙，岳

湛連璧」條引《晉書》並同,《通志・夏侯湛傳》亦同,並可佐證有「譙國」二字者為是。毛本誤從尤本,陳校當從贛本等補之。

弱冠辟太尉府　　注：臧榮緒《晉書》曰：湛早有名譽,為太尉掾。

【陳校】

「辟太尉府」下,脫「掾」字。

【集說】

孫氏《考異》曰:「府」下,六臣本有「掾」字。

胡氏《考異》曰:「辟太尉府」。何校「府」下,添「掾」字,陳同。案:此非也,袁本云:善無「掾」字。茶陵本失著校語,何、陳誤依之。

梁氏《旁證》曰:六臣本「府」下有「掾」字。

姚氏《筆記》曰:「府」下脫「掾」字,何校增。

許氏《筆記》曰:「辟太尉府」下,何加「掾」字。嘉德案:胡曰云云。案:此袁本校語非也。注明作「太尉掾」,《晉書・湛傳》有「掾」字,袁、茶本亦有,不得云誤。胡說未是。

【疏證】

尤本、《集注》本同。五臣正德本、陳本有「掾」字,奎本以下諸六臣合注本同,「掾」下校云:善本無「掾」。《集注》本案曰:「《鈔》、《音決》府為掾,五家、陸善經本府下有掾字也。」謹案:今本《晉書・湛傳》同臧《書》,亦作「太尉掾」。奎本已有校云:善本無「掾」,是所據監本當無「掾」字,奎本等諸六臣合注本皆於「府」下設善注,可證單善注本無「掾」字。五臣二本咸有「掾」字及《集注》本案語,足證五臣有。是善本自無、五臣自有。蓋五臣求異善本,乃據善引臧榮緒《晉書》等加。陳、何校、嘉德說非,前胡《考異》說是也。參拙著《何校集證》。

父守淮岱　　注：王隱《晉書》曰：咸次子莊,淮南太守。

【陳校】

按孝若《東方朔贊序》,其父嘗守樂陵,而王隱《晉書》及郭頒《世語》並止云「淮南守」者,殆自樂陵徙守淮南,卒於是官也。此云「淮、岱」,蓋兼二守言之。

【疏證】

《集注》本、奎本以下諸六臣本、尤本悉同。謹案：此陳補善注。《集注》引《鈔》曰：「王隱《晉書》曰：『威次子莊，淮南太守。』然岱郡，《書》傳無文，此《誄》言守海岱也。《（南）〔尚〕書》曰：『海岱及淮惟青州。』」今按之《漢書・地理志》「平原郡：縣十九。樂陵。」「平原郡」下顏注云：「高帝置。莽曰河平。屬青州。」是「樂陵」即《鈔》之「海岱」，與「淮南」同屬古青州。故《鈔》以「淮」為「淮南」、「岱」為「海岱」。與上夏侯《東方朔贊序》「大人來守此國」條陳校正合，亦可補此善引王氏《晉書》之不足矣。

列素點絢　注：《論語》：子夏問曰：巧笑倩兮，美目子兮。

【陳校】

注「債兮」。「債」，「倩」誤。「子兮」。「子」，「聆」誤。

【疏證】

奎本以下諸六臣合注本、尤本悉作「倩」。《集注》本作「蒨」。「子」，《集注》本、奎本作「盼」。明州本作「聆」。贛本作「盻」。尤本、建本作「眄」。謹案：「蒨」，與「倩」通。《毛詩注疏・衛風・碩人》「巧笑倩兮」音義：「倩，本亦作蒨。」子夏語見《論語・八佾》，正作「倩」，毛本蓋因形近獨誤「債」，陳校從《論語》、尤本等正之，是也。毛本「子」之譌，則須從「盼」，「眄」、「盻」三字之異及誤用說起。王觀國《學林》卷十「盼眄盻」條嘗專論之，云：「盼、眄、盻三字，三音，偏旁不同，義亦不同。盼，從分，普莧切。《字書》曰：『黑白分也。』《詩》所謂『美目盼兮』，是已。眄，從丏音面。《字書》曰：『邪視也。』《列子》所謂『始得夫子之一眄』、鄒陽《書》所謂『莫不按劍相眄』，是已。盻，從兮音睊。《字書》曰：『恨視也。』《孟子》所謂『使民盻盻然，將終歲勤動，不得以養其父母』，是已。三字音義雖異而偏旁易於相亂，故世俗多誤書。當書盼或誤為眄，當書眄或誤為盼。左太沖《詠史詩》曰：『左眄澄江湘，右盼定羌胡』，其用眄與盼，不相混也。俗自易於混疑耳。世言顧眄謂邪視也，而多誤讀為顧盼。袁彥伯《三國名臣贊》曰：『六合紛紜，民心將變。鳥擇高梧，臣須顧眄。』杜子美《石硯詩》曰：『公含起草姿，不遠明光殿。致乎丹青地，知汝隨顧眄。』蓋於義則有顧眄，而無顧盼，古之文士未嘗誤用也。世俗多誤讀顧眄為顧盼爾。世俗雖誤讀，然文士不可誤讀也。」竊云：王氏所言雖是，然三字之亂，習譌成是，自《詩經・衛風・碩人》作

「眄」（《韓詩》同）與《論語》引作「盼」，久已相混，即就王所引左《詠史詩》而言：「左眄澄江湘，右盼定羌胡」兩句相對為文，「眄」、「盼」用同，亦不以歧義解為宜焉。今若準之《學林》，字固當作「盼」，作「眄」、「盼」者，皆非。至於「眄」，「聕」從「耳」，乃係「眄」、「盼」之俗譌字，又等諸自噲以下矣。然則，毛本固誤，陳校亦非也。

與朋信心　注：（《論語》）又子夏曰：與朋友友，言而有信。

【陳校】

　　注「與朋友友」。下「友」字，「交」誤。

【疏證】

　　《集注》本、奎本以下諸六臣合注本、尤本悉作「交」。謹案：語見《論語注疏·學而》，正作「交」，《藝文類聚》卷二十一、《太平御覽》卷四百六並同。本書束廣微《補亡詩（白華）》「終晨三省」注引「《論語》曰：『子曰：與朋友交而不信乎？』」亦可為佐證。毛本涉上或形近而誤，陳校當從《論語》、尤本等正之。

視民如傷　注：（《左氏傳》）又，逢滑曰：國之興也，視之如傷。

【陳校】

　　注「視之」。「之」，「民」誤。

【集說】

　　胡氏《考異》曰：注「視之如傷。」袁本「之」作「民」，是也。茶陵本亦誤之。

　　梁氏《旁證》曰：六臣本「之」作「民」，是也。

【疏證】

　　《集注》本作「人」。奎本、尤本、建本誤同。明州本、贛州本作「民」。謹案：語見《春秋左傳注疏·哀公元年》，正作「民」，《冊府元龜》卷七百三十四、卷七百四十二同。本書潘安仁《關中詩》「視民如傷」注引作「民」、王元長《永明十一年策秀才文（問秀才朕秉）》「如傷之念恒軫」及潘安仁《楊荊州誄》「視民如傷」注引並作「人」。字當為「民」，作「人」者，諱唐也。奎本涉上而誤。毛本當誤從尤、建二本等，陳校當從《左傳》、正文、本書內證、

贛本等正之。茶陵本之誤，蓋從建本耳。此亦前胡因稱袁本是而省引陳校之是例。

執戟疲楊　注：曹子建《楊德祖書》曰：楊子雲。

【陳校】

注「曹子建」下，脫「與」字。

【集說】

胡氏《考異》曰：注「曹子建《楊德祖書》曰」。何校「楊」上添「與」字，陳同。是也，各本皆脫。

【疏證】

奎本、明州本、尤本、建本脫同，《集注》本、贛本有「與」字，《集注》本亦有。謹案：曹《書》載在本書，正有「與」字，嘉定本《曹子建》集同。此奎本傳寫偶脫，毛本誤從尤、建二本等耳。陳校但據上下文義，無煩披贛本、本書內證等可補正也。

予獨正色　注：《尚書》曰：正色率也。

【陳校】

注「率也」。「也」，「下」誤。

【疏證】

《集注》本、奎本以下諸六臣合注本、尤本悉作「下」。謹案：語見《尚書注疏·畢命》，正作「下」字，《北堂書鈔》卷十八、《冊府元龜》卷七十七、卷三百二十二、《記纂淵海》卷四十九引、本書羊叔子《讓開府表》「在公正色」注引同。潘元茂《冊魏公九錫文》「正色處中」注引作「率下也」。毛本當手民誤刪一字，陳校當從《尚書》、本書內證、尤本等正之。

先朝末命　注：《尚書》曰：道揚末命。

【陳校】

「先朝未命」。「未」，「末」誤。

【疏證】

《集注》本、奎本以下諸六臣合注本、尤本並注、五臣正德本並濟注作

「末」，惟陳本誤作「未」，濟注同。謹案：注語見《尚書注疏·顧命》正為「末」字。本書任彥昇《為齊明帝作——》「導揚末命」注、謝玄暉《齊敬皇后哀策文》「末命是獎」注、王仲寶《褚淵碑文》「稟玉几之顧」注引並作「末」。毛本與五臣陳本誤同，陳校當從《尚書》、本書內證、尤本等正之。

中年隕卒　注：《尚書》曰：文王受命惟終身。

【陳校】

注「惟終身」。「終」，「中」誤。

【疏證】

《集注》本、奎本以下諸六臣合注本、尤本悉作「中」。謹案：語見《尚書注疏·無逸》：「文王受命惟中身，厥享國五十年。」鄭玄注：「中身，謂中年。」本書顏延年《陶徵士誄》「年在中身」注引亦作「中身」，《海錄碎事》卷九上引同。今但據注上文云「中年，猶中身也」，亦可推毛本因音近作「中」之誤也。陳校當從《尚書》、上下文義、本書內證、尤本等正之。

孰是養生，而薄而葬　注：《淮南子》曰：節財薄葬，簡服生焉。

【陳校】

注「簡服生焉。」「生」，「亡」誤。

【集說】

顧按：此《鴻烈解·要略》文，「生」字不誤。

【疏證】

《集注》本、尤本同。奎本以下諸六臣合注本作「亡」。謹案：覈《淮南子·要略》，正作「生」，顧按甚是。李善引《漢書·楊王孫傳》「楊王孫家業千金，厚自奉養。生亡所不致，及病且終，曰：『吾欲贏葬』」，解上二句「誰能拔俗，生盡其養？」言「生亡所不致」之享受，「亡所」者，無所也。復援《淮南子·要略》以釋「孰是」二句。言死則效墨子薄葬簡服之行。墨家所謂「簡服」，指與薄葬相應、包括服飾在內之喪服禮儀之簡化，反對儒家之「厚葬靡財而貧民，服傷生而害事」之繁文滋禮。（閻若璩《四書釋地·又續卷下》：「莊子稱其（墨子）教曰死無服，蓋以服則傷生而害事」云云，可為此說確證。）故《淮南子》所謂「簡服生」，「生」者，起也，興也。四句合之，即是

「拔俗」之行。然則《漢書》自作「亡」,《淮南子》自作「生」。不得以《漢書》之「亡」以律《淮南子》文。陳氏蓋偶然疏檢原文,誤從奎本諸六臣本耳。毛本當從尤本,尤則別有所據,並非尤氏擅改,《集注》足為佐證也。

馬汧督誄一首　潘安仁

頻於塗炭

【陳校】

「頻」,「瀕」誤。

【集說】

顧按:頻,即瀕(濱)字也。詳《詩・召旻》釋文。

【疏證】

《集注》本及陸善經所見本、諸《文選》本咸同。謹案:五臣亦作「頻」,濟注可證。《毛詩注疏・大雅・召旻》「不云自頻」傳:「頻,厓也。」釋文:「頻,舊云:『毛如字,鄭作濱。音賓。俱云厓也。』」案:張揖《字詁》云:『頻,今濱。』則頻是古濱字。」《說文・林部》:「頻。水厓也。臣鍇曰:『故謂之頻也。《詩》曰:率土之頻。或借賓字,或作瀕,同。』」然則,頻,與瀕、濱是古今字,陳校大可不改焉。

若夫偏師裨將之隕首覆軍者　注:《史記》:……韓之攻楚覆其車,殺其將。

【陳校】

注「覆其車」。「車」,「軍」誤。

【集說】

梁氏《旁證》曰:六臣本「軍」作「車」。

【疏證】

奎本以下諸六臣合注本、尤本悉作「軍」。而正文奎本作「車」,校云:善本作「軍」。贛本、建本作「軍」,校云:五臣作「車」。《集注》本注並正文皆作「軍」。五臣正德本、陳本文作「車」。謹案:《集注》本、尤本皆是。事見

《史記・越王勾踐世家》，正作「軍」，《通志・越世家》同。是正文五臣傳寫已誤作「車」，奎本不能辨，又誤設校語，遂致謬說踵武，至毛本累及注爾。陳校當從《史記》、尤本等正之。

剖符專城　注：《古樂府・日出東南隅》曰：三十侍中郎。

【陳校】

　　注「東南隅」下，脫「行」字。

【集說】

　　胡氏《考異》曰：注「日出東南隅曰。」陳曰云云。是也，各本皆脫。
　　梁氏《旁證》曰：陳校「隅」下添「行」字。各本皆脫。

【疏證】

　　《集注》本有「行」字。奎本以下諸六臣合注本、尤本悉脫「行」字。謹案：詩亦見《玉臺新詠・古樂府詩六首・日出東南隅行》，正有「行」字。《宋書・樂志》題作「豔歌羅敷行」，《藝文類聚》卷四十一題作「古陌上桑羅敷行」，例有「行」字。毛本誤從尤、建二本等，陳校當從《玉臺新詠》、類書等補之。

子命穴浚漸，寘壺鍚瓶瓿以偵之　注：《墨子》曰：若城外穿地來攻者，宜于城內掘井以薄城，幕罌內井，使聰耳者伏罌而聽。

【陳校】

　　注「幕罌」。「罌」，「甖」誤。

【集說】

　　胡氏《考異》曰：注「幕甖內井。」袁本、茶陵無此四字。

【疏證】

　　《集注》本「墨」，誤「黑」、尤本作「甖」。奎本以下諸六臣合注本並脫四字。謹案：今本《墨子・備城門》作「以薄鞈置井中，使聰耳者伏罌而聽之」云。以例推之，當有此四字為是。毛本從尤本而因形作「甖」，亦用假字耳。郭璞註《穆天子傳・古文》「天子乃賜之黃金之甖三六」郭注「即盂也。徐州謂之甖。」殿本作「罌」。陳校則當從尤本下文「使聰耳者伏罌而聽」改之，然不必改也。又，《集注》本二處皆作「罌」，與尤本先「甖」後「罌」不同，

此可悟二點：尤本非直接來自《集注》本；「罌」，疑與「甖」或同。今按《集韻・耕韻》云：「甖，《說文》：缶也。或從瓦。」是其證。然則，愚說之不為妄也。

因焚穬火薰之　注：崔寔《四月令》曰：四月可㮂穬。

【陳校】

　　注「《四月令》」。「四」下脫「人」字。

【集說】

　　梁氏《旁證》曰：尤本「四」下添「人」字。段校：添「民」字。

【疏證】

　　《集注》本、贛本、建本脫同。奎本、明州本有「人」。尤本「月」上補「人」字，擠壓之跡顯然。謹案：《隋書・經籍志三》載：「《四人月令》一卷」注：「後漢大尚書崔寔撰。」本書潘安仁《藉田賦》「無儲稸以虞災」注、卷二十（曹子建《送應氏詩》上）子目「祖餞」注、潘安仁《在懷縣作》「初伏啟新節」注、荊軻《歌一首》「丹祖送於易水上」注引並作「崔寔《四民月令》」。《白孔六帖》卷四「作麴合藥」注引「崔寔《四人月令》」云云。贛本當涉下文脫，毛本當誤從建本等。尤本補「人」字有跡，可證尤本所據底本為贛本，「人」字蓋從明州本補入。作「人」者，蓋諱唐改耳。

大將軍屢抗其疏　注：干寶《晉記》曰：梁王肜為征西大將軍。

【陳校】

　　注「梁王肜」。「肜」，「肜」誤。

【集說】

　　胡氏《考異》曰：注「梁王肜」。陳曰云云。是也，各本皆譌。又案：《關中詩》注與此同，亦譌也。

　　梁氏《旁證》曰：陳校「肜」改「肜」。各本皆誤。

【疏證】

　　《集注》本誤同，然引「《鈔》曰」作「肜」。奎本、贛本、尤本、建本亦誤「肜」。明州本作「肜」。謹案：事亦見《晉書・惠帝紀》「（永平六年）以太子太保梁王肜為征西大將軍都督雍梁二州諸軍事，鎮關中」，《通志・惠帝紀》

同。毛本當誤從尤、建二本等，陳校當從《晉書》正之。

魯莊公馬驚，敗績　注：《禮記》曰：馬驚，敗績，分墜。

【陳校】

　　注「分墜」。「分」，「公」誤。

【疏證】

　　《集注》本、奎本以下諸六臣合注本、尤本悉作「公」。謹案：事見《禮記注疏・檀弓上》，作「公隊」。《太平御覽》卷四百三十三、卷五百九十六引作「公墜」、卷四百三十八、卷七百四十六作「公隊」。《冊府元龜》卷八百四十五同。墜，隊之俗。《說文・部》：「隊，自高隊也」段注：「墜，隊，正俗字。古書多作隊，今則墜行而隊廢矣。」毛本獨因「公」、「分」二字形近傳寫而誤，陳校當從《禮記》、尤本等正之。

託乎舊史之未，敢闕其文哉

【陳校】

　　「未」，「末」誤。

【疏證】

　　《集注》本同。諸《文選》本咸作「末」。謹案：毛本當因傳刻草率而誤，陳校當從上下文義、尤本等正之。

僛僛群狄　注：《說文》曰：杜陵說：上黨相詐驗為僛。

【陳校】

　　注「杜陵」。「陵」，當作「林」。

【疏證】

　　《集注》本、奎本以下諸六臣合注本、尤本悉作「林」。謹案：語見《說文・女部》：「僛，杜林說：卜者黨相詐驗為僛」，正作「林」字，《方言》卷一：「晉魏河內之北謂㥨曰殘，楚謂之貪」郭璞注引亦作「杜林」。吳語「陵」、「林」不分，毛本獨因音近而誤，陳校當從《說文》、尤本等正之。

彤珠星流　注：彤珠星流，謂治鐵以灌敵。《司馬兵法》曰：火攻有五。

【陳校】

注「治鐵」。「治」，「冶」誤。又「《兵法》曰」。「曰」字衍。

【集說】

胡氏《考異》曰：注「《司馬兵法》曰。」陳曰云云。是也，各本皆衍。

梁氏《旁證》曰：陳校去「曰」字。各本皆衍。

【疏證】

建本誤、衍同。《集注》本、奎本、明州本、贛本、尤本作「冶」、有「曰」字。謹案：毛本「冶」之誤「治」，蓋因形近，此易推得。「曰」字之衍，須細斟酌。上述諸《文選》本皆有「曰」字；《孫子·火攻》：「孫子曰：凡火攻有五：一曰火人」云云，似亦可佐證當有「曰」字。然審上下文，皆是注者串釋語，並非直接援引《兵法》，尤其承下一句「斯為一焉」，明是注者歸納「有五」之後之斷語，即此可悟「曰」字不當有矣。此與四庫館臣云：《司馬穰苴兵法》「是書乃齊威王使其臣所追輯。《隋、唐諸志》皆以為穰苴所自撰者，非也」之考語，正相合拍。足證陳校、前胡說，是也。

號天以泣　注：《尚書》曰：號泣於旻天。

【陳校】

注「旻天」。「旻」，「旻」誤。

【疏證】

奎本、明州本同。《集注》本、贛本、尤本、建本作「旻」。謹案：語見《尚書注疏·大禹謨》，正作「旻」，《冊府元龜》卷三百十一引同。本書陸士衡《贈從兄車騎》「感彼歸塗艱」注引《孟子》亦作「旻天」。毛本誤同明州本等，陳校當據《尚書》、尤本等正之。

精貫白日　注：《戰國策》：康睢曰：聶政之刺韓傀也，白虹貫日。

【陳校】

注「康睢」。「康」，「唐」誤。

【疏證】

胡氏《考異》曰：注「康睢曰。」陳曰云云。是也，各本皆譌。

梁氏《旁證》曰：陳校「康」改「唐」，是也。

【疏證】

奎本、明州本、建本同。《集注》本、贛本、尤本作「唐」。謹案：事見《戰國策‧魏策四》，作「唐」，《冊府元龜》卷八百四十八同。本書潘元茂《冊魏公九錫文》「精貫白日」注引亦作「唐」。毛本當從建本等，陳校當從《戰國策》、本書內證、尤本等。頗疑「康」蓋諱代字，避五代晉帝石敬瑭嫌名耳。

蠢蠢犬羊　注：《漢名臣奏》曰：太尉應劭等議。

【陳校】

注「太尉」下，脫「掾」字。見後《安陸昭王碑》。

【集說】

余氏《音義》曰：「太尉應」。「尉」下，何增「掾」字。

胡氏《考異》曰：注「太尉應劭等議」。何校「尉」下增「掾」字，陳云：「脫掾字，見後《安陸昭王碑》。」是也，各本皆脫。

梁氏《旁證》曰：何校云云。陳曰：見《安陸昭王碑》。

【疏證】

《集注》本、奎本以下諸六臣合注本、尤本悉同。謹案：《藝文類聚》卷六十五引作「太尉屬」。本書前劉越石《勸進表》「敢肆犬羊」注引亦無「掾」、「屬」字。後《安陸昭王碑》：「失義犬羊」注引確有「掾」字。事亦見《後漢書‧應劭傳》，時劭為「車騎將軍何苗掾」。況從來文獻迻錄傳鈔，脫多衍少，故當以有者為得。毛本誤從尤、建二本等，陳校則從本書內證、《後漢書》等補之耳。

惵惵窮城　注：王逸《楚辭》曰：惵惵小息，畏罹患禍者也。

【陳校】

注「《楚辭》」下，脫「注」字。又舊刻「惵惵」下，無「小息」二字。

【集說】

余氏《音義》曰：何曰：「小息」，一本無。

胡氏《考異》曰：注「王逸《楚辭》曰。」陳云：「辭下脫注字。」是也，各本皆脫。

梁氏《旁證》曰：陳校「辭」下添「注」字。各本皆脫。

【疏證】

《集注》本「楚辭」下有「注」字，奎本以下諸六臣合注本、尤本悉脫。《集注》本、奎本、尤本有「小息」。明州本、贛本、建本無「小息」。謹案：奎本六家本系統善注原有，然自明州本脫落，遂致以下六臣合注本悉無。《楚辭章句・哀時命》：「固陜腹而不得息」王逸注：「陜腹小息，畏懼患禍也。」洪興祖《補注》：「陜，一作悒。陜，音狹，隘也。」尤本「小息」，當據別本或從《楚辭章句》來。毛本脫「注」字，當誤從尤、建二本等，陳校信手可補。此亦陳校他本，此所謂「舊刻」，或指建本。

杜松為錅

【陳校】

「杜」，「柿」誤。

【疏證】

五臣正德本及陳本、奎本、明州本、尤本、建本作「柿」。《集注》本、贛本作「杮」。謹案：五臣亦作「柿」，向注可證。「杮」與「柿」同，宋・郭忠恕《佩觿》卷上：「削杮施脯」，「杮」下注「一作柿。」可證。毛本傳寫獨誤，陳校當從尤本等正之。

悠悠烈將

【陳校】

「烈」，「列」誤。

【集說】

孫氏《考異》曰：何校「烈」改「列」。

胡氏《考異》曰：何校曰云云，陳同。各本皆非。

梁氏《旁證》同胡氏《考異》。

胡氏《箋證》曰：《旁證》曰云云。

許氏《筆記》曰：何改「列」。嘉德案：胡曰云云。

黃氏《平點》曰：「悠悠烈將」句。依何焯「烈」改「列」。

【疏證】

尤本、奎本、明州本、建本、五臣正德本及陳本同。贛本作「列」，濟注同。《集注》本及引陸善經本亦作「列」。謹案：毛本當從尤、建二本，陳、何校當從贛本，然「烈」、「列」字通，《詩經·鄭風·大叔于田》：「叔在藪，火烈具舉。」《傳》：「烈，列。」《箋》云：「列人持火俱舉，言眾同心。」孔《疏》：「言火有行列也。」《說文通訓定聲·泰部》：「烈，假借為列。」是其證。陳、何所據在贛本作「列」，然贛本銑注亦作「列」，足證本條並非五臣與善注有異，合參監本亦作「烈」、諸六臣合注本並無校語諸因素，故不改亦得。參上《羽獵賦》「鱗羅布烈」、《長笛賦》「激朗清厲」二條。

顯誅我師

【陳校】

「師」，「帥」誤。

【集說】

余氏《音義》曰：「師」。案：呂延濟注「將，帥也」，則字當為「帥」。汲古、六臣本並誤。

孫氏《考異》曰：呂延濟注「言放其眾而誅其將」，則字當為「帥」無疑。

胡氏《箋證》曰：「師」，當為「帥」之誤。「帥」，與上「質」、「器」為韻。

許氏《筆記》曰：「師」，何改「帥」。嘉德案：茶陵本、袁本並作「帥」。何校據之，是也。

【疏證】

明州本、贛本、建本、尤本、五臣正德本、陳本作「帥」。奎本正文作「師」，濟曰：「將，帥也。」《集注》本作「師（俗去左丿）」引《鈔》作（師）。謹案：《西晉文紀·潘岳》作「帥」。潘岳，晉臣，不當不避晉諱。已見上文。濟注既作「帥」，可見其正文當為師，帥之別體爾。又審上文「戎釋我徒」，則據文義，亦當作「帥」，況誅之賓語，義不可為「師」。《集注》本作「師（俗去左丿）」，非；《鈔》作「師」，是。毛本當誤從別本，或不辨俗寫而誤，陳、何當從贛、尤二本、避諱等正之。參拙著《何校集證》。

以生易死　注：《漢書》：公孫獲說梁王曰。

【陳校】

注「公孫獲」。「獲」，「玃」誤。

【何校】

「孫獲」，「獲」，改「玃」。

【集說】

余氏《音義》曰：「孫獲」。「獲」，何改「玃」。

梁氏《旁證》曰：毛本「玃」誤作「獲」。

許氏《筆記》曰：嘉德案：「獲」，何改「玃」。《漢書》作「公孫玃」。何校據之，是也。今正。

【疏證】

奎本、明州本、建本、《集注》本誤同。贛本、尤本作「玃」。謹案：事見《漢書‧鄒陽傳》，正作「公孫玃遂見梁王曰」云云，已見上《辨亡論上》「而與天下爭衡矣」條。陳、何校從《漢書》、尤本等正之。

儲隸蓋鮮

【陳校】

呂向注：「儲」，粟也。「隸」，私隸也。

【疏證】

《集注》本、奎本以下諸六臣本、尤本李善悉無注。謹案：此陳以五臣注補善注。《集注》引陸善經曰「儲隸」，謂「私隸數口」也。與五臣略同。俱以本文內證解之，說似可從。「鮮」，五臣作「尠」。向注可證。「尠」與「鮮」同。《廣韻‧獮韻》：「尠，同鮮。」

其心反惻

【陳校】

「惻」，「側」誤。

【疏證】

《集注》本、諸《文選》本咸作「側」。謹案：《西晉文紀‧潘岳》作「側」。五臣作「側」，濟注可證。毛本獨傳寫因音、形並近而誤，陳校當從贛、尤二

本等正之。

牧人逶迤，自公退食　注：《國語》里革曰：且夫君也者，將牧人而正其邪。《毛詩》曰：逶迤逶迤，自公退食。毛萇《詩傳》曰：逶迤，行可蹤跡也。

【陳校】

　　二句言州司之忘警玩寇，從容若無事時也。

【疏證】

　　《集注》本、奎本以下諸六臣本、尤本悉同。謹案：此陳校補釋二句句意。亦切文意。

危趙獲安　注：《戰國策》曰：今智伯率二君而伐趙，亡則君次之。

【陳校】

　　注「伐趙」下，脫一「趙」字。

【集說】

　　姚氏《筆記》曰：何校「亡」上重「趙」字。

【疏證】

　　《集注》本、奎本以下諸六臣合注本、尤本引善注悉重「趙」字。謹案：事見《戰國策·趙策一》、《韓非子·十過》、《淮南·人間》並重「趙」字，《太平御覽》卷三百五、卷三百二十一亦同。毛本手民偶奪，陳、何校當從《戰國策》、尤本等補。

陽給事誄一首　　顏延年

值國禍薦臻

【陳校】

　　此謂高祖升遐也。

【疏證】

　　奎本以下諸六臣本、尤本悉無注。謹案：此陳補善注。陳校似是。五臣

向注亦未及「國禍」所指。

非天貞壯之氣

【陳校】

「天」，「夫」誤。

【疏證】

《敦煌‧法藏本》P.3778、《集注》本、諸《文選》本咸作「夫」。謹案：《藝文類聚》卷四十八亦作「夫」。此毛本獨因形近而誤，陳校當從贛、尤二本等正之。

處父勤君　注：《左氏傳》曰：晉蒐于夷，舍二軍，使狐射姑將中軍，趙盾佐之。陽處父至自溫，改蒐于董，易中軍。陽子，成季之屬也，故黨于趙氏。且謂趙盾能，曰：使能，國之利也。賈季怨陽子之易其班。杜預曰：本中軍（師）〔帥〕，易以為左也，使續鞫居殺陽處父。

【陳校】

注引《左氏》一條。舊刻無之，為是。

【集說】

胡氏《考異》曰：注「《左氏傳》曰」下至「殺陽處父」。袁本、茶陵本無此八十八字，何校去。陳云「別本無之，為是。」案：此即尤誤取增多者。

梁氏《旁證》曰：六臣本無此八十八字，何、陳校去。

許氏《筆記》曰：何云：「一本無《左氏傳》一條。」嘉德案：注「《左氏傳》曰」云云，至「殺處父」。袁、茶二本無此八十八字。胡曰云云。

【疏證】

尤本同。奎本以下諸六臣合注本悉無此八十八字。《集注》本有此節，而脫「怨陽子」以下至「左也」十九字。謹案：本條諸六臣合注本注惟引《穀梁傳》。尤本複引《左傳》云云。比較兩傳，則以《穀梁》為精切，蓋能詳述「怨在登賢」，突出處父蒙難之「忠壯之烈」。而所引《左傳》則以陽子為黨同伐異，與正文意舛，故何校刪之，是也。《集注》本有此節而脫十九字，頗疑此是李善舊注，為後來重注所舍，而久已流傳在外，故見收者不止尤本所宗之一家。此條再證：凡尤本有增出六臣合注本之外者，大抵初非空穴來風，實有所

據。祇是尤意主增多，遂不能持擇耳。前胡說未得肯綮。參拙著《何校集證》。

乘障犯威　注：《蒼頡》曰：障，小城也。

【陳校】

　　注「《蒼頡》」下，脫「篇」字。

【集說】

　　胡氏《考異》曰：注「《蒼頡》曰」。何校「頡」下添「篇」字，陳同。各本皆脫。

　　梁氏《旁證》同胡氏《考異》。

【疏證】

　　《集注》本有「篇」字。奎本以下諸六臣合注本、尤本悉脫。謹案：本書陸佐公《石闕銘》「幕南罷鄣」注引亦脫。毛本當誤從尤本等，陳、何蓋據《漢書·藝文志》等補。參上《西京賦》「所惡成瘡痏」條、陸佐公《石闕銘》「幕南罷鄣」條。

陶徵士誄一首　　顏延年

顏延年　注：何法盛《晉中興書》曰：延之常飲淵明食。

【陳校】

　　注「常飲淵明食」。「食」，「舍」誤。

【疏證】

　　奎本以下諸六臣合注本、尤本悉作「舍」。謹案：《海錄碎事》卷六、卷二十一引皆作「舍」，李劉《四六標準·謝魏侍郎了翁為先祖先父作墓誌》「若陶元亮，又何待延年之辭」注引同。毛本獨因形近而誤，陳校當從贛、尤二本等正之。

故無足而至者　注：《韓詩外傳》曰：船人蓋胥跪而對曰：……士有足而不至者，蓋君主無好士之意也……何患無士乎？

【陳校】

　　注「蓋君主」，下二字當乙。

【集說】

胡氏《考異》曰：注「《韓詩外傳》曰」下至「何患無士乎」。袁本無此注，茶陵本有。案：疑茶陵本複出，尤所見與之同耳。蓋本是「無足而至，已見上文」。袁因已見五臣而刪削此句。

【疏證】

奎本、贛本、尤本、建本倒同。明州本祗見於翰注，脫「主」字。謹案：事見《韓詩外傳》卷六。觀上文「（珠玉）無足而至者，由主君之好也」云云，已可知當作「主君」。今覈《外傳》，善注為節取，「船人盍胥跪而對曰」下，善已刪去劈頭「主君亦不好士耳」一句，由此益證作「君主」之非矣。毛本誤從尤、建二本等，陳校當從《外傳》乙正之。前胡所謂「上文」，指本書孔文舉《論盛孝章書》「珠玉無踁而自至者，以人好之也；況賢者之有足乎？」注。善已引《韓詩外傳》曰：「蓋胥謂晉平公曰：『珠出於海，玉出於山，無足而至者，好之也。士有足而不至者，君不好也。』」比勘本篇所引，可見兩者有詳略、直接援引與刪節改寫之分。孔《書》略而隨意，故致此有「複出」之舉。前胡因有「無足而至，已見上文」，依善注體例本合如此，但既有上述兩點不同，則善注有此權變，亦非不可能者。袁本倘誠如前胡所云「因已見五臣而刪削此句」，則亦見未及此爾。「複出」之始作俑者乃奎本，尚非通常六臣本系統之贛本，故前胡云「疑茶陵本複出，尤所見與之同」，此說有其合理處，蓋兩家之宗同是贛本，但仍未及其本源。

而縣世浸遠　注：《東觀漢書》曰：上賜東平王蒼書曰。

【陳校】

注「《東觀漢書》」。「書」，「記」誤。

【疏證】

奎本以下諸六臣合注本、尤本悉作「記」。謹案：事見《東觀漢記·東平憲王蒼傳》，固為「記」字，本書潘安仁《寡婦賦》「庶浸遠而哀降兮」注、顏延年《拜陵廟作》「漢道尊光靈」注、謝玄暉《齊敬皇后哀策文》「慕方纏於賜衣兮」注引並作「記」。毛本獨因承上「漢」字而誤，陳校當從《東觀漢記》、本書內證、尤本等正之。毛本屢見同類錯誤，不贅引。

而道路同塵，轍塗殊軌

【陳校】

「道路同塵，轍塗殊軌。」謂如晉末充隱之流，盜虛聲而喪晚節者也。「道」當作「首」。

【集說】

孫氏《考異》曰：善本作「首路」。五臣作「道路」，誤。

梁氏《旁證》曰：六臣本「首」作「道」，誤也。「首路」與下「轍塗」對。

胡氏《箋證》曰：梁氏《旁證》曰云云。

許氏《筆記》曰：何改「首路」，依六臣本。嘉德案：茶陵本云：五臣作「道」。

【疏證】

尤本作「首」。五臣正德本、陳本作「道」。奎本作「道」，失著校語。明州本作「道」，校云：善本作「首」字。贛本、建本作「首」，校云：五臣作「道」。謹案：尤氏《考異》曰：「五臣首作道。」五臣作「道」，向注可證。本書《齊故安陸昭王碑文》：「（戚）〔威〕令首塗」注：「首塗，猶首路也」，復引謝承《後漢書序》曰：「徐淑戎車首路」云云，皆善作「首」之旁證。毛本以五臣亂善。陳何校、孫、梁、後胡說皆是，梁氏「首路，與下『轍塗』對」說，尤得。

居無僕妾　　注：范曄《後漢書》曰：內無僕諸。

【陳校】

注「僕諸」。「諸」，「妾」誤。

【疏證】

奎本以下諸六臣合注本、尤本悉作「妾」。謹案：事見《後漢書·黃香傳》，正作「妾」，《冊府元龜》卷七百五十一同。《北堂書鈔》卷七十七「黃香貧無奴僕」注引范《書》、《北堂書鈔》卷一百二十九「黃香冬無袴」注引《東觀〔漢〕記》亦作「妾」。但據正文亦可證當作「妾」。毛本獨因傳寫而誤，陳校當從《後漢書》、尤本等正之。

井臼弗任　注：《列女傳》曰：周南大夫之妻謂其夫曰：親探井臼。

【陳校】

注「親探」。「探」，「操」誤。

【集說】

余氏《音義》曰：「探井」。「探」，何改「操」。

胡氏《考異》曰：注「親探井臼。」茶陵本「探」作「操」，是也。袁本亦譌。

梁氏《旁證》曰：六臣本「探」作「操」，是也。

【疏證】

明州本、尤本、建本同。奎本、贛本作「操」。謹案：事見《古列女傳·周南之妻》，字正作「操」，《九家集注杜詩·贈李八秘書別三十韻》「沈綿疲井臼」注、任淵注《山谷內集詩·次韻德孺感興二首》「猶能井臼任」注引並同。毛本誤從尤、建二本等，陳、何校當從贛本、《古列女傳》等正之。

盜不偶物

【陳校】

「盜」，「道」誤。

【疏證】

諸《文選》本咸作「道」。謹案：毛本獨因音近而誤，陳校當從尤本等正之。注引孫盛《晉陽秋》曰：「嵇康性不偶俗。」「性」，可為作「道」之借證。又，宋·江遹《沖虛至德真經解·天瑞》「不生者疑獨」注：「道不偶物，物自偶道」云云，亦可為借證。

性樂酒德　注：《劉劭集》有《酒德頌》。

【陳校】

注「劉劭」。「劭」，「伶」誤。

【集說】

胡氏《考異》曰：注「《劉劭集》有《酒德頌》。何校「劭」，改「靈」，陳云：「劭，伶誤。」案：「靈」，是也。說見前。又《褚淵碑文》作「伶」，亦非。

梁氏《旁證》曰：何校「劭」，改「靈」。陳同。胡公《考異》曰：「靈，是也。」然下卷《褚淵碑文》注亦云：「劉劭有《酒德頌》」，不應兩處並誤作「劭」。俟再考之。謹按：尤本《褚淵碑文》仍作「伶」。又《隋書·志》：「魏光祿勳《劉劭集》二卷。亡。」李注少後於《隋志》，未必尚見《劭集》也。

薛氏《疏證》曰：王僧達《祭顏光祿文》「流連酒德」注「劉靈有《酒德頌》」。案：《酒德頌》注「臧榮緒《晉書》曰：『劉伶字伯倫。著《酒德頌》。』」顏延年《五君詠》「劉靈善閉關」注「滅臧榮緒《晉書》曰：『靈潛嘿少言。』」「伶」、「靈」互見，知古字本通。蓋靈字需聲，伶字令聲，古需聲、令聲之字多通用，《說文》「轜」字為「軨」字之或體，是其例也。見薛書卷六《祭顏光祿文》「流連酒德」條。

【疏證】

奎本作「邵」。明州本、贛本、尤本、建本作「劭」。謹案：毛本當誤從尤、建二本等，陳校亦非。奎本作「邵」，當「卲」从口之譌。《廣雅·釋詁四》：「卲，高也。」王念孫疏證：「《法言·修身篇》云：『公儀子、董仲舒之才之卲也。……卲，各本譌作邵。今訂正。』」是二字之混亦久矣。「卲」與「劭」通。《說文通訓定聲·小部》：「劭，叚借為卲。」是其證。何校、前胡《考異》所論甚是。《選》文涉及劉伶，凡四首，咸當善注「靈」，五臣則為「伶」。《考異》所謂「說見前」，首見顏延年《五君詠五首》總題下善注：「詠劉伶曰」。《考異》因校曰：「案：伶，當作靈。各本皆誤。袁、茶二本，後正文亦作伶。詳其注中，凡所載『五臣曰』則為伶字，而善注三見，仍皆為靈字。然則，必五臣伶、善靈，而失著校語。尤所見正文獨不誤。此處因向同善注而亂耳。又案：二本《酒德頌》注，亦善是靈字、五臣是伶字。」《考異》所謂「善注三見，仍皆為靈字」，蓋謂尤本三處善注：《劉參軍》子題下善曰：「袁宏《竹林名士傳》曰：『劉靈為建威參軍』」，詩正文「劉靈善閉關」句，句下善曰：「臧榮緒《晉書》曰：『靈潛嘿少言。』」諸《文選》本，多有異同。子題下，奎本以下諸六臣合注本，五臣有注悉作「伶」；善注，明州本獨作「靈」外，其餘悉作「伶」。詩正文「劉靈善閉關」句，全作「伶」，無一例外。句下注，翰注悉作「伶」；善注，除奎本「伶」外，其餘悉為「靈」。五臣陳本則一概為「伶」。《文選》諸本基本驗證了《考異》「五臣伶、善靈」說之為事實。薛氏其說不為不辨。然善與五臣用既有別，不可不釐，故仍當從善注作「靈」為宜。參拙

著《何校集證》。梁氏《旁證》謂「陳同（何校）」，大非。陳實主「伶」字。見下《褚淵碑文》「參以酒德」條。本條由「劭」及「靈」、「伶」字，難免辭費之譏，亦不得已而為之。

世霸虛禮　注：世霸，謂當世而霸者也。蔡伯喈《郭有道碑》曰：州郡聞德，虛己備禮。

【陳校】

「世霸虛禮」注誤。此謂宋高祖也。曹王《七啟》中，稱魏祖有「翼聖霸世」之語。此作者所本。敘靖節高蹈，首舉霸朝加禮言之，則宋業漸隆，恥事異代意，亦微而顯矣。

【疏證】

奎本以下諸六臣本、尤本悉同。謹案：此陳推解文義。可備參考。

人之秉彝　注：《毛詩》曰：民之秉彝，好是懿德。

【陳校】

注「毅德」。「毅」，「懿」誤。

【疏證】

奎本以下諸六臣合注本、尤本悉作「懿」。謹案：語見《毛詩注疏·大雅·烝民》，正作「懿」，《韓詩外傳》卷六引同，本書楊德祖《答臨淄侯牋》「徒謂能宣昭懿德」注引亦同。毛本獨因音近而誤，陳校當從《毛詩》、尤本等正之。

糾纏榦流　注：《鵩鳥賦》曰：榦流而遷，或推而還。夫禍之與福，何異糾纆？

【陳校】

「纏」，「纆」誤。注同。

【集說】

《讀書記》曰：注「何異糾纆？」「纆」字當作「纆」，乃節錄《鵩鳥賦》中語。非「還」與「纆」為韻，後人謬改耳。

【疏證】

　　五臣正德本、陳本作「墨」。奎本作「墨」，注誤「繹」。明州本作「繹」，注亦誤「繹」。贛本並注作「繹」。建本並注誤「繹」。尤本並注作「繹」，當從贛本。謹案：五臣作「墨」，銑注可證。「墨」，與「繹」通。《說文通訓定聲‧頤部》：「墨，叚借為繹。」《史記‧南越列傳》：「成敗之轉，譬若糾墨。」並是其證。明州本作「繹」，不誤。「繹」字之誤。前胡以為前人因欲與「還」字為韻而妄改，是。前人之所以改作「繹」，蓋復因「繹」，與《鵩鳥賦》善注引《字林》釋「何異糾繹」之「繹」為繩索義同。（《淮南子‧道應》篇云：「臣有所與供儋繹采薪者九方堙」注：「繹，索也。」）毛本「繹」當誤從建本等，陳、何當從本書《鵩鳥賦》、尤本等正之。

遠情逐化　　注：《莊子》曰：既化而生，又化曰死。

【陳校】

　　注「又化曰死。」「曰」，「而」誤。

【疏證】

　　奎本以下諸六臣合注本、尤本悉作「而」。謹案：語見《莊子注‧知北遊》，正作「而」，本書賈誼《鵩鳥賦》「萬物變化兮」注、謝靈運《廬陵王墓下作》「一隨往化滅」注、顏延年《贈王太常》「靜惟浹羣化」注、江文通《雜體詩‧謝僕射混》「信矣勞物化」注皆同。又，但觀與上句相對為文，亦可為當作「而」佐證。毛本獨傳寫而誤，陳校當從《莊子》、本書內證、尤本等正之。

迕風先蹶　　注：《韓詩》曰：《傳》曰：草木根荄，未必撅也。

【陳校】

　　注「根荄」下，脫「淺」字。

【集說】

　　余氏《音義》曰：「根荄」下，何增「淺」字。
　　梁氏《旁證》曰：毛本脫「淺」字。

【疏證】

　　奎本以下諸六臣合注本、尤本悉有「淺」字。謹案：本條不合善注引《韓

詩》稱謂體例，先可必毛本上「曰」字譌。復據尤本等作「外傳」字，就《韓詩外傳》搜尋，得見於卷二。「根荄」下，正有「淺」字。《四六標準》卷一「寒而根淺」注引《外傳》亦有「淺」字。毛本傳寫獨脫，陳、何校蓋據《韓詩外傳》、尤本等補之。

黔婁既沒　注：皇甫謐《高士傳》曰：君嘗賜之粟三十鍾。

【陳校】

　　注「粟三十鍾」。「十」，「千」誤。

【集說】

　　顧按：今《列女傳》是「十」字，張景陽《雜詩》注亦作「十」。

【疏證】

　　奎本以下諸六臣合注本、尤本悉作「十」。謹案：語見皇甫謐《高士傳‧黔婁先生》，正作「千」字。而《古列女傳‧魯黔婁妻》作「十」，《太平御覽》卷五百六十二引《列女傳》同。本書張景陽《雜詩（黑蜺）》「比足黔婁生」注引《列女傳》亦同。毛本當從贛、尤二本等，陳校當從「皇甫謐《高士傳》」。《淮南子‧要略》曰「一朝用粟三千鍾贛」注：「贛，賜也。一朝賜羣臣之費三萬斛也。」今據《高士傳》本云「魯恭公聞其賢，遣使致禮，賜粟三千鍾。」蓋「欲以為相」。然相位雖高，與相一人之賜，當不得等同滿朝群臣（何況「群臣」中尚包括相在內），則以作「十」為得。陳校是也。

宋孝武宣貴妃誄一首　　謝希逸

玄丘煙熅　注：《列女傳》曰：契母簡狄者，有娀氏之長女也。當堯帝納，與其妹娣浴於玄丘之水。

【陳校】

　　注「有娀」。「娀」，「娥」誤。下同。又「堯帝納」，下二字當作「之時」。

【疏證】

　　建本誤同。奎本、明州本、贛本、尤本作「娀」。上諸《文選》本皆作「之時」。謹案：語見《列女傳‧契母簡狄》，正作「娀」、「之時」字。《北堂書鈔》卷二十四「簡狄敦仁勵翼」注亦作「娀」、「之時」。「帝納」，毛本傳寫獨誤；

作「娥」，則當踵建本耳，此亦毛本之誤獨同建本例。陳校當從《列女傳》、尤本等正之。

翼訓妣隉　注：《列女傳》曰：塗山氏之女，夏女娶以為妃。

【陳校】

注「夏女」。「女」，「禹」誤。

【集說】

余氏《音義》曰：「夏女」。「女」，何改「禹」。

【疏證】

奎本以下諸六臣合注本、尤本悉作「禹」。謹案：語見《列女傳·啟母塗山》，正作「禹」。《太平御覽》卷八十二亦云：「夏后禹，娶塗山氏之女為妃」。毛本獨因音近而誤，陳校當從《列女傳》、尤本等正之。

接萼均芳　注：《毛詩》曰：棠棣之華，萼之韡韡。鄭玄曰：承華者萼。不，當作柎，萼足也。

【陳校】

注「萼之」。「之」，「不」誤。

【集說】

許氏《筆記》曰：嘉德案：「萼不」之「不」。《箋》云：「承華者曰鄂。不，當作柎，柎，鄂足也。鄂足得華之光明，則韡韡然盛。」又《釋文》云：「不，毛如字，鄭改作柎。柎，鄂足也。」又云：「不、柎同。柎，亦作跗。」

【疏證】

奎本以下諸六臣合注本、尤本悉作「不」。謹案：語見《毛詩注疏·小雅·常棣》，正作「不」。不，象形字，本義為鄂足。羅振玉曰：「象『花不』形。『花不』為『不』之本義。」王國維《觀堂集林》：「不者，柎也。」皆從鄭《箋》出。柎、跗字，亦作柎，從木。阮元校勘記云：「考《說文·木部》：『柎，闌足也。』《山海經》：『員葉而白柎。』《集韻·十虞》亦作柎，皆從木。」本書謝靈運《於安城答靈運》「華萼相光飾」注引同。毛本獨因形近而誤，陳校當從《毛詩》、本書內證、尤本等正之。又，善注，坊間影印胡

克家本「不」下失逗；「蕚足」本連文，竟於「蕚」下施逗。句讀誤甚。亟當糾正。

八頌扄和　注：《周禮》曰：周人掌占龜。以八筮占人頌，以視吉凶。

【陳校】

注「周人」。「周」，「占」誤。又「人頌」。「人」，「八」誤。

【集說】

許氏《筆記》曰：「周人」，何改「占人」。嘉德案：六臣本作「占」字，是也。

【疏證】

奎本以下諸六臣合注本、尤本悉作「占人」、「八頌」。謹案：語見《周禮注疏·占人》，字正作「占」、「八」，《太平御覽》卷七百二十五引同。毛本獨涉上「《周禮》」及「人」、「八」二字形近而誤。陳、何校當從《周禮》、尤本等正之。

衡總滅容　注：《周禮》曰：王后之五路：重翟，錫面朱總。……背有容蓋。

【陳校】

注「背有」。「背」，「皆」誤。

【疏證】

奎本以下諸六臣合注本、尤本悉作「皆」。謹案：事見《周禮注疏·御史》，正作「皆」，《太平御覽》卷七百七十四、《冊府元龜》卷五百八十二同。本書顏延年《宋文皇帝元皇后哀策文》「容翟結驂」注引亦作「皆」。毛本獨因形近而誤，陳校當從《周禮》、本書內證、尤本等正之。

翬翟毀衪　注：《周禮》曰：司服掌王后之六服：褘服、褕狄、闕狄、鞠衣、襐衣也。

【陳校】

注「鞠衣」下，脫「展衣」二字。

【集說】

余氏《音義》曰：「鞠衣」，何增「展衣」二字。

姚氏《筆記》曰：注「鞠衣褖衣」中，脫「展衣」二字。

【疏證】

奎本以下諸六臣合注本、尤本悉有「展衣」字。謹案：事見《周禮注疏·內司服》，正有「展衣」字，《玉海》卷八十一「周王后六服」引、本書謝玄暉《齊敬皇后哀策文》「筵卷六衣」注引同。毛本偶脫。陳、何校蓋從《周禮》、本書內證、尤本等補之。

離宮天邃　注：《兩都賦》曰：徇以離宮別寢。

【陳校】

注「兩都」。「兩」，「西」誤。

【疏證】

奎本以下諸六臣合注本、尤本悉作「西」。謹案：《西都賦》載在本書。凡有子目者，依善注例稱子目名。毛本獨因形近傳寫而誤，陳校當從本書內證、尤本等正之。

白露凝兮歲將闌　注：闌，猶晚也。

【陳校】

按貴妃薨於四月。至七月，皇子子雲繼殞。十月，葬妃龍山，故曰「露凝歲闌」。後「過哀」，「滅性」，正謂子雲也，注俱未及。

【集說】

顧按：李注「子雲薨」於「曰子曰身」句下，非未及也。

【疏證】

贛本、尤本、建本同。奎本、明州本有「濟曰：闌，晚也。」省作「善注同」。謹案：此亦陳校論善注之得失。顧批說，見本篇「維慕維愛，曰子曰身」下，注引「沈約《宋書》曰：『孝武大明六年，淑儀薨。』又曰：『大明六年，子雲薨。』」雖不能如陳校言「注俱未及」，然若無陳此校，則「露凝歲闌」之義，畢竟未能明瞭矣。

仰昊天之莫，怨《凱風》之徒攀　注：《毛詩》曰：欲報之德，昊天罔極。《毛詩》曰：《凱風》，美孝子也。

【陳校】

「仰昊天之莫」下，脫「報」字。又注「《毛詩》」下，脫「序」字。

【集說】

胡氏《考異》曰：注「《毛詩》曰凱風。」陳曰云云。是也，各本皆脫。

【疏證】

諸《文選》本皆有「報」字。奎本以下諸六臣合注本、尤本悉脫「序」字。謹案：「欲報之德」，見《毛詩·小雅·蓼蓼》。依注當有「報」字，《藝文類聚》卷十五、《記纂淵海》卷七十九引並有「報」字，毛本傳寫偶脫，陳校當從《毛詩》、尤本等補之。「凱風」語，見《毛詩·邶風·凱風序》，毛本當誤從尤、建二本等，陳校但據文義，無俟披《毛詩》、尤本等可信手補之。

慟皇情於容物　注：司馬彪《漢書》曰：〔容〕根車旋載容衣。

【陳校】

注「司馬彪」下，脫「續」字。

【集說】

余氏《音義》曰：「彪漢」。「彪」下，何增「續」字。

胡氏《考異》曰：注「司馬彪《漢書》曰。」袁本、茶陵本「漢」上有「續」字，是也。

梁氏《旁證》曰：六臣本「漢」上有「續」字，是也。

【疏證】

尤本脫。奎本以下諸六臣合注本有「續」字。謹案：《隋書·經籍志二》：「《續漢書》八十三卷」注：「晉祕書監司馬彪撰。」尤本偶脫，毛本誤從之。陳、何校固不待披贛本、《隋書》，信手可正之。《後漢書·禮儀志》作「容根車游載容衣」。善注「根」上脫「容」字。今據補。

照殊策而去城闉　注：《說文》曰：闉，城闕重門也。

【陳校】

注「城闕」。「闕」，「內」誤。

【集說】

余氏《音義》曰：「城闉」。「闉」，何改「內」字。

顧按：此「城曲重門」也，宋本「曲」。《毛詩》傳：「闉，曲城也。」今《說文》作「內」者，字之誤。

梁氏《旁證》曰：毛本「（闉）〔曲〕」誤作「（曲）〔闉〕」。今本《說文》作「內」。

許氏《筆記》曰：注「《說文》曰：闉，城曲重門也。」今《說文》「曲」作「內」。案：《毛《傳》曰：「闉，曲城也。」注引為是。嘉德案：袁本、茶陵本注引皆作「城曲」，與《毛《傳》合。本或作「城闉」，譌也。考段本《說文》「闉」下作「城曲重門也」，注云：「城曲，各本作城內，今依《詩》正義，正作曲。《鄭風》曰：『出其闉闍。』傳曰：『闉，曲城也；闍，城臺也。』闍，既是城之門臺，則知闉是門外之城，今之門外曲城是也。故曰：『闉，曲城；闍，城臺』，許意說字從門之怡也。有重門故必有曲城，其上為門臺，即所謂城隅也。故闉、闍字皆從門，而《詩》曰：『出其闉闍』，謂出此重門也。城曲、曲城同意。」段說與公校皆依毛《傳》，然則，行本《說文》作「城內」者，「內」與「曲」形相近，轉寫傳刊譌之。

【疏證】

奎本以下諸六臣合注本、尤本悉作「曲」。謹案：五臣亦作「曲」，濟注可證。今本《說文·門部》：「闉，城內重門也。從門，垔聲。《詩》曰：『出其闉闍。』」「出其闉闍」語，見《毛詩注疏·鄭風·出其東門》傳：「闉，曲城也。」又，正義曰：「毛以為詩人言，我出其鄭國曲城門臺之外」云云。《十三經注疏》曰：「段玉裁據此改內為曲。」此與顧按，殊途同歸。本書謝宣遠《王撫軍庾西陽集別時為豫章太守庾被徵還東》「分手東城闉」注、顏延年《始安郡還都與張湘州登巴陵城樓作》「登闉訪川陸」注引《說文》並作「曲」。共證顧按至確。二許說亦是。毛本傳寫獨誤，陳、何校棄本書內證，拘泥於今本《說文》譌字，亦疏矣。

喝邊蕭於松霧 注：邊蕭，蕭聲遠也。

【陳校】

「蕭」，「簫」誤。注同。《史記》：「周勃常為人吹簫給喪事」《索隱》曰：「《左傳》『歌虞殯』，猶今挽歌類也。歌者或有簫管。」注當引此。

【集說】

許氏《筆記》曰：「邊蕭」，何改「簫」。嘉德案：茶陵本作「簫」，注同。何校據之，是也。此作「蕭」，傳寫之誤。

【疏證】

諸六臣合注本、尤本並注作「簫」。謹案：五臣作「簫」，向注可證。五臣正德本、陳本並注誤作「蕭」。《記纂淵海》卷七十九作「簫」。《藝文類聚》卷十五作「唱邊簫於松霧」，亦作「簫」。簫，指短簫鐃歌，鼓吹曲也。與上句「鏘楚挽於槐風」之「楚挽」相對，理當作從竹之證。毛本蓋傳寫之誤，陳、何校無須披贛、尤二本等，信手可正之。陳校論善注當引《史記》，亦可備異聞。

晨輴解鳳　注：臣瓚曰：秦始皇崩……鑽說，是也。

【陳校】

注「鑽說」。「鑽」，「瓚」誤。

【疏證】

奎本以下諸六臣合注本、尤本悉作「瓚」。謹案：毛本獨傳寫音近而誤，陳校無須披贛、尤二本，但據上文，信手可正之。

哀永逝文一首　　潘安仁

悲絕緒兮莫承　注：《思玄賦》曰：王肆侈於漢庭。

【陳校】

注「浩庭」。「浩」，「漢」誤。

【疏證】

明州本、建本同。奎本、贛本、尤本作「漢」。謹案：《思玄賦》載在本書，正作「漢」字，《後漢書》、《通志・張衡傳》並同。毛本當誤從建本等，陳校當從本書內證、尤本等正之。

嘆河廣兮宋遠　注：《詩》曰：誰謂宋遠，跂予望之。

【陳校】

注「跂予」。「跂」，「跂」誤。

【疏證】

奎本以下諸六臣合注本、尤本悉作「跂」。謹案：語見《毛詩注疏・衛風・河廣》，正作「跂」，《藝文類聚》卷八、《太平御覽》卷六十一引、本書陸士衡《歎逝賦》「望湯谷以企予」注、王仲宣《贈蔡子篤詩》「允企伊佇」注亦同，而郭景純《江賦》「渠黃不能企其景」注則亦誤「跂」。毛本因形近而誤，陳校當從《毛詩注疏》、本書內證、尤本等正之。

是乎非乎，何遑趣一遇兮目中 注：鄭玄《毛詩箋》曰：皇之言暀也。又曰：暀，往也。

【陳校】

「何遑」。「遑」，「皇」誤。又注「暀也」，當作「旺也」。下「旺」，當作「皇」。

【集說】

胡氏《考異》曰：「是乎非乎何皇」。袁本、茶陵本「皇」作「遑」。案：此善「皇」五臣「遑」，失著校語。

梁氏《旁證》曰：六臣本「皇」作「遑」。毛本據改，非也。

胡氏《箋證》曰：注善曰：「鄭玄《毛詩箋》曰：皇之言暀也。」按：依注當作「皇」。翰注「遑，暇也。」作「遑」為五臣本。

許氏《筆記》曰：「何遑趣一遇兮目中。」「遑」與「皇」同，暇也。言何暇論其是非，但趣一遇目而已。《爾雅》：「皇，暇也」《釋文》云：「或作偟。」嘉德案：注明引《詩箋》「皇」，則正文作「皇」可知。袁本、茶陵本作「遑」，翰注是「遑」字，則此沿五臣之舊也。胡曰：「此善皇、五臣遑，茶、袁本失著校語。」又考《爾雅・釋言》「皇，暇也。」郭氏引《詩》「不遑啟處」為注，《釋文》又作「偟」，蓋字本作「皇」，通作「遑」，別體作「偟」也。《左傳》「不皇啟處」作「皇」，《谷風》「遑恤我後」《表記》引《詩》作「皇」，《書・無逸》「不遑暇食」，《楚語》亦引作「皇」，知《經傳》皇、遑多通用。《玉篇》：「遑，暇也。」

【疏證】

奎本、明州本、建本作「遑」、「旺也」、「旺」。贛本惟作「旺」（與暀同），餘同奎本等。尤本作「皇」、「暀也」、「旺」。謹案：鄭《箋》，見《毛詩注疏・

小雅·楚茨》箋:「皇,暀也。」正義:「皇,暀也」者,《信南山箋》云:「皇之言暀也。」《泮水》箋云:「皇皇,當作暀暀,猶往往也。」然則,善注上句所引係《小雅·信南山箋》;下句所引乃《魯頌·泮水箋》,且有節略焉。五臣作「遑」,翰注釋「遑」作「暇」可證;善作「皇」,則善注最終釋「皇」為「往」,可明。是五臣與善有歧。《說文通訓定聲·壯部》:「皇,叚借作遑。」「皇」與「遑」作「暇」講,字本可通,然善注取「往(往,同)」,義微別,不得言通。況即便可通,既善與五臣用有別,亦不得不分。此奎本失校語耳。尤本獨是。毛本文從五臣,是以五臣亂善,陳校從尤本正之。毛本注作「暀」,蓋「暀」之誤,陳校當從贛、尤二本等正之。下「暀」字,陳校謂「當作皇。」非也。若如陳校,則善引鄭二箋同矣,何必重牀疊屋?毛本當從上諸本,不誤。前胡、梁氏校皆是。

文選卷五十八

宋文皇帝元后哀策文一首　　顏延年

龍輴纚紼　注：《韓詩》：纚，繫也。

【陳校】

注「《韓詩》」下，脫「章句」二字。

【集說】

胡氏《考異》曰：注「《韓詩》：纚，繫也。」袁本「纚」上有「曰」字，是也。茶陵本亦脫。何校「詩」下添「章句」二字，陳同。案：各本蓋皆脫，下注「《韓詩》曰淑女」，同。

梁氏《旁證》曰：何校「詩」下添「章句」二字。下「《韓詩》曰：淑女」，同。

姚氏《筆記》曰：注「《韓詩》曰」，「曰」上脫「章句」二字。

【疏證】

奎本以下諸六臣合注本、尤本悉同。謹案：毛本當誤從尤本等。何校「詩」下添「章句」二字，諸家從之。其實，此何校未諳善注引《韓詩》稱謂體例。善單引韓《傳》（訓詁）有全稱、省稱之分。其全稱作「薛君《韓詩章句》曰」，省稱即為「韓詩曰」（參上顏延年《三月三日曲水詩序》「題下注」條），故何校尚非。當注意者：本條善引作「《韓詩》曰：纚，繫也。」

而《毛詩注疏・小雅・采菽》「汎汎楊舟，紼纚維之」釋文則云：「纚，《韓詩》云：笮也。」同引《韓詩》釋「纚」字，緣何善引訓「繫」、陸氏《釋文》引訓「笮」？王應麟《詩考・韓詩・采菽》云：「纚，笮也」自注：《釋文》。「纚，繫也」自注：《文選》注。已發現此一現象，然未作探究。「笮」之訓出《韓詩》，合無疑問，蓋《毛詩》孔疏所引「釋文」，與陸德明原著吻合。又未見陸、孔二家載有「一作」異文，然則，善注「繫」之訓謂出《韓詩》，顯然有誤。善注所訓，乃自《毛詩》傳、箋，正是上引孔《疏》嘗梳其源流，定其宗祖。《采菽》「汎汎楊舟」二句，毛《傳》率先以止浮水泛舟喻政，「明王能維持諸侯」，並訓「紼，繂也。纚，綍也。」紼，大索；綍，繫結也。在此《傳》基礎上，遂有鄭《箋》云：「楊木之舟，浮於水上汎汎然，東西無所定。舟人以紼繫其綍，以制行之。」「綍」由名詞轉成動詞「繫綍」，在訓「纚」文字中出現「繫」字。降及魏晉，有魏孫炎、晉郭璞孫有《毛詩》注，又有《爾雅音義》等，見《通志・王肅傳附》。郭注《爾雅》。孫曰：「舟止繫之於樹木戾竹為大索。」《爾雅・釋水》曰：「紼纚維之。纚，綍也。」郭注：「綍，繫。」直接明確以「繫」訓「綍」。(《毛詩》「紼纚維之」《毛傳》「纚，綍也」，至郭注《釋水》引作「紼纚維之。纚，綍也。」是纚與纚同之證。)《爾雅・釋器》：又云：「纚，綍也。注：綍，繫也。」至唐，則於李善之前，有孔穎達《毛詩正義》。在其疏《毛傳》、正義《鄭箋》援孫、引郭之際，總其大成：「然則，紼訓為繂，繂是大緪。纚訓為綍，綍又為繫。正謂舟之止息，以緪繫而維持之。」完成了由《毛詩傳》開創之訓「纚（纚）為綍、為繫」之大業。故可推：李善之訓「繫」，當從孔《疏》，復依善注單引毛《傳》例，當作：「毛萇《詩傳》曰：纚，繫也。」由此，益見陳、何校之非。又，前胡所謂「下《韓詩》曰：淑女」，見本篇下「坤則順成」注「《韓詩》曰：『淑女奉順坤德』」云云，今不見周鈔《舉正》，可無論矣。

痛翬褕之重晦　注：《周禮》曰：司服掌王后之六服……鄭玄曰：褕，與鷂者也。

【陳校】

　　注「與鷂者」。「與」，「畫」誤。

【疏證】

　　奎本以下諸六臣合注本、尤本悉作「畫」。謹案：語見《周禮注疏・內司

服》，作「揄翟，畫搖者」。《玉海》卷八十一「周王后六服」引亦作「畫」。許
氏《筆記》嘉德案：「《說文》作『褕翟』，段曰：『翬衣搖翟，皆刻繒為之形，
而采畫之箸於衣以為飾，因以為名。』」可為旁證。毛本當涉下「褕與鷂並以
招切」而誤。陳校當從《周禮》、上下文義、尤本等正之。

有物有憑　注：《毛詩》曰：天生蒸物，有物有則也。《左氏傳》曰：……
師曠曰：石不能焉，或憑焉。

【陳校】

注「天生蒸物。」「物」，「民」誤。「石不能焉。」「焉」，「言」誤。

【集說】

胡氏《考異》曰：注「《左氏傳》曰」下至「或憑焉」。袁本、茶陵本無此
二十字。案：無者最是。

【疏證】

尤本作「民」、「言」。奎本以下諸六臣合注本作「民」、無此二十字。謹
案：《毛詩》見《大雅・烝民》，正作「民」。師曠語，見《春秋左傳注疏・昭
公八年》，正作「言」字，《水經注・澮水》「又西南過虒祁宮南」注、《太平御
覽》卷五十一引、《北堂書鈔》卷一百六十「晉言」注引並同。毛本涉下而誤
作「物」；從尤本因音近或涉下而誤「焉」。前胡以無者「最是」，或是。蓋引
《左傳》以釋「有憑」，與下引《劇秦美新》重也。

亦既有行　注：女子有行，遠父母兄弟。

【陳校】

注「女子」上，脫「《詩》曰」二字。

【疏證】

奎本、尤本上有「《毛詩》曰」三字。明州本省作「善同上（向）注」，
向注作「《詩》云」。贛本作「《詩》云」。建本脫此版（乃以下卷第三版充
之）。謹案：語見《毛詩注疏・邶風・泉水》、《鄘風・蝃蝀》。本書潘安仁《寡
婦賦》「伊女子之有行兮」注、任彥昇《劉先生夫人墓誌》「居室有行」注引
並作「《毛詩》曰」。毛本當從尤本補「《毛詩》曰」三字。陳校亦脫一「毛」
字。

象物方臻　注：按《周易》曰：九樂六變而致象物。

【陳校】

　　注「《周易》」。「易」，「禮」誤。「九樂」。「九」，「凡」誤。

【集說】

　　余氏《音義》曰：「易曰九」。「易」，何改「禮」、「九」改「凡」。

【疏證】

　　奎本以下諸六臣合注本、尤本悉作「禮」、「凡」。謹案：語見《周禮注疏・春官・大司樂》，作「凡六樂者……六變而致象物」，《太平御覽》卷五百六十三引同。《藝文類聚》卷四十一引作「《周官》」、「凡」。本書張平子《東京賦》「六變既畢」，善引舊注亦作「凡」。毛本傳寫誤作「易」、音近譌「九」。陳、何校當從贛、尤二本、《周禮》等正之。

椒塗弛衛　注：《漢書儀》曰：皇后稱椒房。

【陳校】

　　注「《漢書儀》」。「書」，「舊」誤。或作「官」。

【集說】

　　余氏《音義》曰：「書儀」。「書」，何改「舊」。

　　胡氏《考異》曰：注「《漢書儀》曰。」何校「書」改「舊」，陳同。是也，各本皆誤。

　　梁氏《旁證》曰：何校「書」改「舊」，陳同。孫氏志祖曰：「衛宏《漢舊儀》，《舊唐志》作《漢書儀》。」然則，「書」字不必改矣。

【疏證】

　　奎本以下諸六臣合注本、尤本悉同。謹案：本書曹子建《求通親親表》「惠洽椒房」注亦作「書」，與尤本等同，毛本當從尤本等。而何平叔《景福殿賦》「椒房之列」注引則作「舊」，此則陳、何校所據。按《後漢書・伏皇后紀》注、《北堂書鈔》卷二十三、《藝文類聚》卷十五，卷八十九兩引、《初學記》卷十等悉作「應劭《漢官儀》」。然則，陳、何校改「舊」尚不然，當從彼等「或作官」說，方穩。參上潘安仁《金谷集作詩》「王生和鼎實」條。

滅綵清都　注：《楚辭》曰：造旬始觀清都。

【陳校】

　　注「旬始」下，脫「而」字。

【疏證】

　　奎本以下諸六臣合注本、尤本脫同。謹案：語見《楚辭章句·遠遊》，正有「而」字，《太平御覽》卷八百七十五引亦有。本書張平子《西京賦》「集重陽之清澂」注、江文通《雜體詩·顏特進》「重陽集清氣」注引並同。又，今但據《章句》上下文，亦當有之。毛本當誤從尤本等，陳校當從《楚辭》、本書內證等補之。

齊敬皇后哀策文一首　謝玄暉

九月朔日

【陳校】

　　（九月）上脫「秋」字。

【集說】

　　孫氏《考異》曰：六臣本句上有「秋」字。

　　姚氏《筆記》曰：「惟永泰元年九月」。「九」上，脫「秋」字。

　　許氏《筆記》曰：「九月」上，何加「秋」字。嘉德案：六臣本有「秋」字。

【疏證】

　　諸《文選》本悉有「秋」字。謹案：《古今合璧事類備要》前集卷六十二、《古今事文類聚》前集卷四十九引並有「秋」字。毛本蓋傳寫譌脫，陳、何校當從尤本等補正。

懷蜃衛而延首　注：《周禮》曰……鄭玄曰：蜃車，柩路。柩載柳，四輪迫地而行。

【陳校】

　　注「柩載柳」。「載」上脫「路」字。

【集說】

胡氏《考異》曰：注「樞載柳四輪」。何校「樞」下添「路」字，陳同。是也，各本皆脫。梁氏《旁證》同胡氏《考異》。

姚氏《筆記》曰：注「蜃車，樞路，樞載柳四輪」。「載」上，脫「路」字。

【疏證】

奎本以下諸六臣合注本、尤本脫同。謹案：語見《周禮注疏・地官・遂師》鄭注，正作「樞路載柳」，《古今事文類聚》前集卷五十引、《太平御覽》卷五百四十四「及蜃車之役」注引並同。毛本當誤從尤、建二本等，陳、何校當從《周禮》正之。

曾沙膺慶　注：《漢書・元后傳》：元城建公曰：今王翁鄭孺徙，正直其地。

【陳校】

注「王翁鄭」。「鄭」字衍。

【集說】

胡氏《考異》曰：注「今王翁鄭孺」。陳曰云云。是也，各本皆衍。

梁氏《旁證》曰：陳校去「（孺）［鄭］」字。各本皆衍。

【疏證】

奎本以下諸六臣合注本、尤本衍同。謹案：事見《漢書・元后傳》，正作「王翁孺」，《太平御覽》卷五十七、卷一百三十六引同。《古文苑・揚雄・元后誄》「沙麓之靈」章樵註引亦無「鄭」字。毛本當誤從尤、建二本等，陳校當從《漢書》刪之。《旁證》「去孺」，當「去鄭」之譌。

貽我嬪則　注：孔安國傳曰：嬪，婦也。

【陳校】

注「孔安國」下，脫「尚書」二字。

【集說】

胡氏《考異》曰：注「孔安國傳曰」。何校「傳」上，添「尚書」二字，陳同。是也，各本皆脫。

梁氏《旁證》曰：何校「傳」上添「尚書」二字。各本皆脫。

【疏證】

奎本以下諸六臣合注本、尤本悉脫。謹案：語見《尚書注疏・堯典・序》，曰：「釐降二女于媯汭，嬪于虞」《傳》：「嬪，婦也」，《太平御覽》卷一百五十二引同。毛本當誤從尤本等，陳、何當據《尚書》補。

壽宮寂遠，清廟虛歸　注：《楚辭》曰：蹇將憺予壽宮。《毛詩》曰：清廟，祀文王也。

【陳校】

注「憺予」。「予」，「兮」誤。「《毛詩》」下，脫「序」字。

【集說】

胡氏《考異》曰：注「《毛詩》曰：清廟。」陳曰云云。是也，各本皆脫。

【疏證】

奎本、明州本、建本誤、脫皆同。贛本、尤本作「兮」、脫「序」字。謹案：《楚辭》語見《楚辭章句・雲中君》，正作「兮」字，本書《雲中君》同。《毛詩序》，見《毛詩注疏・周頌・清廟》，本書班孟堅《典引》「豈蔑清廟，憚敇天命也」注引有「序」字，而傅武仲《舞賦》「所以陳清廟」注引、王子淵《四子講德論》「昔周公詠文王之德，而作清廟」注作「《毛詩・周頌》曰」云云，則並無「序」字矣。《藝文類聚》卷三十八作「《詩》曰」、《太平御覽》五百二十四、卷五百三十一作「（毛詩）清廟曰」，是類書例省「序」字，是後人傳寫，或誤從之爾。毛本誤「予」，當從建本等；脫「序」，則誤從尤、建二本及類書等。陳校當從《楚辭》、本書內證、尤本等正「予」；補「序」字，則信手可補，無待披《毛詩》及本書內證也。

始協德於蘋蘩兮　注：《辨亡論》曰：趙達以機祥協德。

【陳校】

「兮」，「兮」誤。又「協德」，猶言「合德」也。注誤引《辨亡論》，非。

【疏證】

諸《文選》本咸作「兮」。謹案：《藝文類聚》卷十五載，上下文皆省「兮」字。《古今事文類聚》前集卷四十九、《古今合璧事類備要》前集卷六十二「敬皇后策」注引並作「兮」字。但據上下文，亦可推當為「兮」字。毛本獨因形

近而誤，陳校當從尤本等正之。陳校言善注誤引，亦是。本條亦陳校兼論善注之不當。

郭有道碑文一首　　蔡伯喈

或謂之郭　注：《公羊傳》：晉獻公謂荀息曰：哲欲攻郭。

【陳校】

　　注「哲欲」。「哲」，「吾」誤。

【疏證】

　　奎本以下諸六臣合注本、尤本悉作「吾」。謹案：事見《春秋公羊傳注疏・僖公二年》，正作「吾」，《冊府元龜》卷二百三十八同。毛本獨因形近而誤，陳校當從《公羊傳》、尤本等正之。

稟命不融，享年四十有二，以建寧二年正月乙亥卒　注：范曄《後漢書》曰。

【陳校】

　　注「范曄」上脫「毛萇《詩傳》曰：融，長也」二句。

【集說】

　　余氏《音義》曰：「融」。六臣本善注「毛萇《詩傳》曰：『融，長也。』」

　　許氏《筆記》曰：（「卒」）下脫注「毛萇《詩傳》曰：融，長也」八字。嘉德案：茶陵六臣本善注有此八字。何氏《讀書記》亦載有此語，蓋各本脫也。

【疏證】

　　奎本以下諸六臣合注本、尤本悉有此八字。謹案：語見《毛詩注疏・大雅・既醉》「昭明有融」毛《傳》：「融，長也。」毛獨因合併注文傳寫偶脫，陳、何當從尤本等補足焉。參拙著《何校集證》。

僉以為先民既沒　注：毛氏曰：先民有作。

【陳校】

　　注「毛氏」。「氏」，「詩」誤。

【疏證】

奎本以下諸六臣合注本、尤本悉作「詩」。謹案：語見《毛詩注疏・商頌・那》。本書陸士衡《文賦》「誦先人之清芬」注、張茂先《勵志詩》「先民有作」注、王仲宣《贈文叔良》「先民遺跡」注、曹子建《王仲宣誄》「先民所思」注引並作「《毛詩》」。毛本獨傳寫偶誤，陳校當從《毛詩》、本書內證、尤本等正之。

令問顯於無窮　注：《毛詩》曰：顯顯令問。

【陳校】

注「《毛詩》」，當作「史孝山《出師頌》」。

【集說】

胡氏《考異》曰：注「《毛詩》曰：顯顯令問。」「曰」下，當有「令問，令望。《出師頌》曰」八字。各本皆脫。陳改「《毛詩》」二字作「史孝山《出師頌》」六字，未是也。

梁《旁證》曰：注：「《毛詩》曰：顯顯令問。」陳校「《毛詩》」二字改「史孝山《出師頌》」六字。胡公《考異》曰：「陳未是。『曰』下，當有『令問，令望。《出師頌》曰』八字。」

許氏《筆記》曰：「令聞」。依注作「令問」。嘉德案：茶陵本作「問」，云：「五臣作聞。」此作「聞」，沿五臣而未經改正者。注「《毛詩》曰：顯顯令問。」此有誤也。胡曰云云。胡校甚是，今依補正。

【疏證】

尤本同。奎本作「《毛詩》曰：顯顯令德。」明州本、贛本、建本作「《毛詩》曰：『令問不已。』」謹案：本書史孝山《出師頌》「顯顯令問」注：「《毛詩》曰：『假樂君子，顯顯令德。』又曰：『令問，令望。』」乃陳、胡兩家校所出。考上述諸《文選》本注皆引「《毛詩》曰」，狹義校勘，以盡量多存原貌，少更原文為原則，故當以前胡校為得。涉及二處《毛詩》，分別見於《大雅・假樂》及《大雅・卷阿》篇。毛本當從尤本耳。

禮樂是悅　注：《左氏傳》曰：晉謀元帥。趙襄曰：郤縠可……若其試矣。

【陳校】

注「趙襄」。「襄」，「衰」誤。「若其試矣」。「若」，「君」誤、「矣」，「之」誤。

【集說】

　　胡氏《考異》曰：注「君其試之」。袁本、茶陵本無此四字。

【疏證】

　　尤本作「襄」用「襄」之俗寫、作「君」、「之」。奎本以下諸六臣合注本作「衰」。無「君其試之」四字。謹案：事見《春秋左傳注疏‧僖公二十七年》，正作「衰」、有四字，《太平御覽》卷二百七十二、卷六百三十引並同。本書任彥昇《齊竟陵文宣王行狀》「敦悅斯在」注引亦誤「襄」、有「君其試之」四字。「襄」字，毛本誤從尤本，陳校當從《左傳》、贛本等正之。四字當有，毛本從尤本而傳寫有誤，陳校當據《左傳》、本書內證、尤本等正之。

是則是效　　注：班固《刑法志述》曰：五刑之作，是則是效。

【陳校】

　　當引《詩》作注，不必引班史。

【疏證】

　　奎本以下諸六臣本、尤本悉同。謹案：陳言《詩》，見《小雅‧鹿鳴》：「是則是傚」毛《傳》：「是則是傚。言可法傚也。」此亦陳論善注之失當，當從陳校。

褚淵碑文一首　　王仲寶

王仲寶　　注：蕭子顯《齊書》云：王儉，浪邪人。

【陳校】

　　注「浪邪」。「浪」，「琅」誤。

【疏證】

　　《集注》本作「瑯耶」。奎本、尤本、建本作「琅邪」。明州本向注作「琅邪」，省作「善注同」。贛本作「瑯琊」。謹案：今本《南齊書‧王儉傳》作「琅琊」，《冊府元龜》卷三百九同。《梁書‧王暕傳》：「王暕，字思晦。琅邪臨沂人。父儉齊太尉」，《通志‧王儉傳》同，本書任彥昇《王文憲集序》亦云「公諱儉。琅邪臨沂人也。」「瑯」與「琅」同；「琊」、「耶」與「邪」同。毛本作「浪」字，獨因傳寫誤，陳校當從本書內證、尤本、史志等正之。

汪汪焉　注：范曄《後漢書》曰：先過袁宏。

【陳校】

注「袁宏」。「宏」，「閎」誤。

【集說】

胡氏《考異》曰：注「先過袁宏。」袁本、茶陵本「宏」作「閎」。是也。

梁氏《旁證》曰：六臣本「宏」作「閎」。是也。

許氏《筆記》曰：注「袁宏」，何改「袁閎」。嘉德案：「閎」，是也。茶、袁二本並作「閎」，不誤。

【疏證】

奎本、尤本同。明州本、贛本、建本作「閎」。《集注》本作「閎」。謹案：《後漢書‧黃憲傳》：「先過袁閎。」注引劉攽曰：「案：袁閎字奉高，閎字夏甫。此下言奉高，則閎當作閎也。」《藝文類聚》卷二十二引《郭泰別傳》、《太平御覽》卷四百四十六、《記纂淵海》卷五十二、李劉《四六標準‧賀黃安撫大卿除工部侍郎仍兼安撫制置副使》「叔度萬頃之陂」注引悉作「閎」。劉校、《集注》本等文獻並誤。奎本、尤本亦誤。明州以下諸六臣合注本當據《後漢書》改「宏」為「閎」，陳、何、許校同，亦是也。毛本當誤從尤本等。檢孫氏《讀書脞錄》卷六「兩袁閎」云：「《後漢書‧黃憲傳》：『郭林宗少游汝南過袁閎，不宿而退，進往從憲，累日乃還。』劉貢父云：『袁閎字奉高，閎字夏甫。此下言奉高，則閎當作閎也。』志祖案：「字夏甫」者，乃袁安之玄孫。汝南汝陽人。潛身土室，不應徵辟。范《書》附《袁安傳》後。「字奉高」者，別一袁閎，見《世說‧德行篇》注引《汝南先賢傳》，「汝南慎陽人，辟太尉掾卒」者也。黃叔度亦慎陽人，與袁奉高同縣，故郭林宗先過奉高而後見叔度。閎之字奉高，取《左傳》「高其閈閎」之義。至袁閎姓名，亦見《世說‧言語篇》，其氏族爵里，注未之詳也。貢父蓋誤以兩袁閎為一。自注：袁閎字奉高，為汝南功曹。見《王龔傳》。疑（閎）〔閎〕亦字奉高，或閎一名閎。初校本條，愚亦以劉攽作「閎」為是，蓋有眾多類書及《集注》本等為證。及讀孫氏《脞錄》再四，還以孫「兩袁閎」說及陳、何、前胡諸家校為得。蓋孫說考辨有《後漢書》為基礎，復有《世說》注為佐證，尤其引《左傳》勾稽「閎之字奉高」名與字之聯繫，切合古人命名之義，所援上述三家材料確鑿、可信度高，故改從之。惟孫自注「疑閎亦字奉高」，閎當「閎」之譌，否則，上下文義捍格不通矣。

今已改正。《藝文》《御覽》諸類書及《集注》等，並當傳寫者依據劉說改過，皆為貢父聲名所掩爾。《集注》之譌，則可為其書非是「唐鈔」之一證。

可謂澄之不清，撓之不濁　注：譬諸汎濫，雖清而易挹。

【陳校】

　　注「譬諸汎濫」。「汎」，「汃」誤。

【集說】

　　顧按：此當作「汃」。

　　胡氏《考異》曰：注「譬諸汎濫。」案：「汎」，當作「汃」。各本皆譌。汃濫，汃泉。濫，泉也。《答賓戲》云：「懷汃濫。」何、陳校改「汃」者，非。

　　張氏《膠言》曰：胡中丞云：「汎濫之汎，當作汃。……何、陳校改汃作汎，亦非。」

　　梁氏《旁證》曰：胡公《考異》曰云云。

　　許氏《筆記》曰：「汎」，當作「汃」。改正。胡亦曰：「當作汃。汃濫者，汃泉。濫，泉也。《答賓戲》云：『懷汃濫。』何、陳校改汃者，非。」胡說是也。

【疏證】

　　《集注》本、奎本以下諸六臣合注本、尤本誤悉同。謹案：《後漢書·黃憲傳》注「《爾雅》曰：『側出汃泉。』汃，音軌。」章懷注引誤亦同。然《後漢書》音注「音軌」，已透出信息：字當作「汃」。考《毛詩注疏·小雅·大東》：「有冽汃泉」《傳》：「側出曰汃泉。」《疏》：「汃音軌。」《爾雅注疏》卷七：「汃泉穴出」注「穴出，仄出也。」音義：「汃音軌。」並是其證。顧按、前胡《考異》是，陳、何校亦失之眉睫焉。參拙著《何校集證》。坊本附前胡《考異》「汃濫」以下七字，點作：「汃濫，汃泉濫泉也。」句讀非，當於「泉濫」二字下並施逗。此句善注先以「汃泉」釋「汃濫」，復以「泉」釋「濫」耳。許氏《筆記》引前胡《考異》於此句「汃濫」下置一「者」字，實得前胡初衷。此是後人迻錄前人，增字可助解讀之例。《爾雅·釋水》云：「濫，泉正出。正出，涌出也。」可證：濫，即是泉。坊本標點者，未悟及此。附志之。

綜覈精裁　注：范曄《後漢書》：左朱零曰：范滂精裁

【陳校】

　　注「左朱零」。「左」字衍。

【集說】

　　胡氏《考異》曰：注「范曄《後漢書》：左朱零曰。」案：「書」字當重，「左」當作「佐」，各本皆脫誤。何、陳校去「左」字，非。

　　梁氏《旁證》曰：胡公《考異》曰云云。

　　姚氏《筆記》曰：「袁陽源」注：「《後漢書》左朱零」。按：「書」下脫「書」字、「左」，當為「佐」。

【疏證】

　　奎本以下諸六臣合注本、尤本悉同。《集注》本重「書」、作「佐」。謹案：前胡《考異》所論，當據《後漢書・范滂傳》：「資遷怒，捶書佐朱零。零仰曰：范滂清裁」云云，《資治通鑑・漢紀・孝桓皇帝中》、《通志・范滂傳》、《太平御覽》卷六百四十九、《記纂淵海》卷四十九引並同。此李善節簡涉下文，省作「書佐朱零」，注家本色當行爾。至於「左」字，檢《說文・左部》：「左，手相左助也。」段注「左者，今之佐字。《說文》無『佐』也。ナ者，今之左字。」《玉篇・左部》「左，助也。」然則，《集注》本是，上述諸本《文選》、毛本從尤、建二本並不誤，此毛本佞古之習癖。陳、何校去「左」固非，前胡務以「佐」為是，亦泥也。

服闋　注：鄭玄《禮記》曰：闋，終也。

【陳校】

　　注「《禮記》」下，脫「注」字。

【集說】

　　胡氏《考異》曰：注「鄭玄《禮記》曰。」袁本、茶陵本「記」下有「注」字，是也。

　　梁氏《旁證》曰：六臣本「記」下有「注」字，是也。

【疏證】

　　尤本脫同。奎本以下諸六臣合注本有「注」字。《集注》本「服闋」無注。謹案：語見《禮記注疏・文王世子》正為「有司告以樂闋」注文。本書馬季長《長笛賦》「曲終闋盡餘」注、顏延年《贈王太常》「悲來非樂闋」注引並有

「注」字。謝靈運《九日從宋公戲馬臺集送孔令詩》「指景待樂闋」注、江文通《雜體詩‧顏特進》「樂闋延皇眄」注、王元長《三月三日曲水詩序》「正歌有闋」注並乙轉之，先引「《禮記》」，後「鄭玄曰：闋，終也。」亦脫「注」字。尤本蓋涉下而脫，毛本誤踵之。陳校當從《禮記》、本書內證、贛本等正之。

恪居官次　注：《左氏傳》曰：閔子騫曰：敬恭朝夕，恪居官次。

【陳校】

注「閔子騫曰。」當作「公鉏然之」。

【集說】

胡氏《考異》曰：注「閔子騫曰。」案：「騫」，當作「馬」。各本皆譌。

梁氏《旁證》曰：「騫」，當作「馬」。

許氏《筆記》曰：「閔子騫曰，」何改「公鉏然之」。嘉德案：「閔子騫曰。」胡云：「騫，當作馬。」此胡校誤也。「敬恭朝夕，恪居官次」，是公鉏事，非閔子馬語，何改「公鉏然之」，是也。各本皆誤。

【疏證】

奎本、明州本、尤本、建本誤同。惟贛本獨作「公鉏然之」。《集注》本「騫」作「馬」。謹案：贛本是。《集注》本誤同前胡《考異》說。據《左傳‧襄公四年》文，「恪居官次」者，的是「公鉏」，閔子馬乃進言者耳。《北堂書鈔》卷三十六「敬恭朝夕，恪居官次」條注引亦作「公鉏然之」。陳、何校當據《左傳》。許說，亦是。參上《演連珠》「是以百官恪居」條及拙著《何校集證》。

封雩都縣開國伯　注：《漢書》有豫章郡雩都縣。

【陳校】

注「《漢書》」下，衍「有」字。「雩都」上，脫「有」字。

【集說】

胡氏《考異》曰：注「有豫章郡雩都縣。」袁本、茶陵本無「有」字。陳云：「當在雩字上。」是也。尤校添而誤其處。

梁氏《旁證》曰：陳校「有」字移「雩」字上。六臣本無「有」字。

【疏證】

尤本同。《集注》本、奎本以下諸六臣合注本無「有」字。謹案：「雩都」，見《漢書・地理志》。此善注轉述文字，當如陳校。前胡言「添而誤其處」，是，然未必尤首添。毛本則當從尤本。

既秉辭梁之分　注：《國語》曰：惠王以梁予魯陽文子。辭曰：梁險而在遠，懼子孫之有貳者，縱臣而得全其首領以歿，懼子孫之以梁乏臣之祀也。乃與魯陽。

【陳校】

「既秉辭梁之分。」「分」，五臣本作「介」，為是。

【集說】

胡氏《考異》曰：「既秉辭梁之分。」陳曰云云。案：陳所說非也。「分」字去聲，謂其辭過分之賞，由能秉執己分，合觀下句自明。五臣誤讀為「介」，而云「孤介之節」，全失文意。此善與五臣截然有異，不容亂之者。

梁氏《旁證》曰：六臣本「分」作「介」。

【疏證】

尤本同。《集注》本作「介」。奎本、明州本作「介」，校云：善本作「分」。贛本、建本作「分」，校云：五臣作「介」。事見《國語・楚語下》。王「與魯陽」之上，有「王曰：子之仁（人），不忘子孫施及楚國」十三字，可判作「分」、作「介」之是非。《說文通訓定聲・泰部》：「介，叚借為价。」《漢書・諸侯王表二》：「《詩》載其制曰：『介人惟藩』師古曰：「《大雅・板》之詩也。介，善也。」《毛詩注疏》作「价」。音義：「价，音界。鄭作介。」正義曰：「言王當用善人為官，維以為藩鄣。」《漢書》、《毛詩》並證「介」與「价」通。其義，善也。正可與惠王稱文子之「仁」相切，又與《選》文下句「又懷寢丘之志」之「志」契合，所謂「仁人志士」也。此後人傳寫善本因形近而誤，五臣不得獨擅其美焉。奎本所見本已非，陳校是也。前胡說，亦未得真解，蓋祇論《選》下文，未究《國語》下文耳。

盡規獻替　注：《國語》：召康公曰：天子聽政，近臣盡規。又，史黯謂趙簡子曰：夫事君者，諫過而後賞善，薦可而替否，獻能而進賢。

【陳校】

注當引《左傳》晏嬰「獻可替否」句，方切。

【疏證】

奎本以下諸六臣本、尤本悉同。謹案：此亦陳論注之得失。陳校所謂晏嬰「獻可替否」，語見《左傳·昭公二十年》，「晏子對齊侯曰：『君所謂『可而有否焉』，臣獻其否，以成其可；君所謂『否而有可焉』，臣獻其可，以去其否。』」意謂為忠臣者，當以勸善規過事君。正與下文「均山甫之庸」貫通一氣，固較善引《國語》為切。

丹陽京輔

【陳校】

「陽」，當作「楊」。

【集說】

《讀書記》改「丹楊」。云：「《晉書》『丹陽郡』注云：『丹楊山多赤柳，在西也。』是楊之從木，審矣。唐以來潤洲丹陽乃作陽。」葉刻同

孫氏《考異》曰：何校凡《選》中「丹陽」並改從「楊」。云：「《晉書》丹楊郡注」云云。

胡氏《考異》曰：何校「陽」改「楊」，陳同。是也，下注同。案：二字多相混，此亦不具出。

梁氏《旁證》同胡氏《考異》。

胡氏《箋證》曰：何氏焯曰云云。

許氏《筆記》曰：何改「丹楊」。嘉德案：何氏《讀書記》云：「蕭子顯《齊書》曰：『〔尋遷散騎常侍丹陽尹。』」案：《晉書》「丹楊郡」，「丹楊」下注曰云云。餘見《王文憲序》條。胡曰云云。

【疏證】

諸《文選》本悉同。《集注》本作「楊」。謹案：毛本誤從尤本等，陳、何校當從《晉書》注正之。前胡《考異》所謂「下注同」，即下句「頻作二守」注：「尋遷散急常侍丹陽尹」云云。《讀書記》、嘉德皆就此注出校。參見拙著《何校集證》。又，本書《劉先生夫人墓志》「稟訓丹陽」，嘉德復案：「《選》中凡丹楊字多譌陽。」

吳興矜帶　注：李尤《函谷關銘》曰：衿帶咽喉。

【陳校】

「矜帶」。「矜」，「衿」誤。

【集說】

孫氏《考異》曰：「衿」誤「矜」。

【疏證】

《集注》本作「襟」、注「衿」。奎本、尤本並注作「襟」。明州本、贛本、建本作「衿」注「襟」。謹案：《爾雅・釋器》：「衣皆謂之襟」郭注：「交領」。《方言》卷四：「衿謂之交」郭注：「衿，衣交領也。」是「襟」與「衿」同。五臣作「衿」，良注可證。李善則「衿」、「襟」並用，蓋舊注已如此。《初學記》卷七「襟帶咽喉」引李《銘》已作「襟」。本書張平子《西京賦》「衿帶易守」注引李《銘》作「衿」。《東京賦》「何云巖險與襟帶」注引李《銘》同作「襟」。並可為證。至於毛本獨作「矜」，未必誤。蓋矜與襟、衿，多見可通。《文苑英華》卷六百八十五高澄《與侯景書》：「先王與司徒契闊夷險，孤子相依。偏所眷屬，繾綣襟期。綢繆素分，義貫終始。」「襟」下注云「一作矜」。是其證。陳、孫二氏誤矣。參上《奏彈王源》「施矜之費」條。

亦猶孟軻致欣於樂正　注：孟軻曰：魯欲使樂正子為政，孟子喜而不寐也。

【陳校】

注「孟軻」。「軻」，「子」誤。

【集說】

胡氏《考異》曰：注「孟軻曰。」茶陵本「軻」作「子」，是也。袁本亦誤「軻」。

梁氏《旁證》曰：此是節引六臣本。「軻」作「子」，是也。

【疏證】

奎本、明州本、建本誤同。《集注》本、贛本、尤本作「子」。謹案：事見《孟子注疏・告子》：「魯欲使樂正子為政」注：「樂正，子克也。魯君欲使之執政於國，孟子曰：『吾聞之喜而不寐。』」今但觀注下文有「孟子」云云，亦

可推前「軻」字是「子」之誤。《孟子》之稱「子」，蓋弟子後學尊稱，李善注用乃是書名。即便同為「子」字，義有不同。奎本之誤或涉正文，或因五臣銑注。梁氏說是，毛本蓋誤從建本耳，陳校當據《孟子》、注上下文、尤本等正之。

朝議以有為為之　注：《禮記》：吾聞諸老聃曰：昔有魯伯禽有為為之。

【陳校】

注「昔有」。「有」，「者」誤。

【集說】

胡氏《考異》曰：注「昔有魯伯禽」。陳曰云云。何校「魯」下，添「公」字，是也，各本皆誤、脫。

梁氏《旁證》曰：陳校「有」改「者」，何校「魯」下添「公」字。

【疏證】

奎本、明州本、尤本誤「有」、脫「公」。贛本、建本「有」字已改正，仍脫「公」字。《集注》本作「者」、「魯侯」。謹案：語見《禮記注疏・曾子問》，正作「者」、有「公」字，《太平御覽》卷五百四十六、《古今事文類聚》前集卷五十三、《記纂淵海》卷三十六、卷五十二並同。本書干令升《晉紀總論》「蓋有為以為之矣」注引亦同。毛本誤從尤本等，陳、何校當據本書內證、《禮記》等補正之。

爰降詔書……屈己弘化　注：荀悅《申鑒》曰：聖王屬己，以申天下之樂。《尚書》曰：三孤三公弘化。

【陳校】

注「屬已」。「屬」，「屈」誤。又「三公」。「三」，「貳」誤。

【疏證】

奎本、明州本、建本作「屈」、「三」。贛本、尤本作「屈」、「貳」。《集注》本作「屈」、「二」。謹案：「聖王」語見《申鑒・政體》，正作「屈」。本書劉越石《勸進表》「故屈其身以奉之」注引同。但觀正文，亦當作「屈」。「三孤」語見《尚書注疏・周官》作：「少師、少傅、少保，曰三孤」孔《傳》：「此三官名曰『三孤』。孤，特也。言卑於公，尊於卿，特置此三者。」「貳公弘化，

寅亮天地，弼予一人」《傳》：「副貳三公，弘大道化。」蔡沈集傳：「三孤，雖三公之貳而非其屬官……公論道，孤弘化；公燮理陰陽，孤寅亮天地；公論於前，孤弼於後。公、孤之分如是。」據孔、蔡沈二傳，則「三公」，固「貳公」之譌。《申鑒・政體》「上有師傅」注亦曰：「成王作周官，立太師、太傅、太保。茲惟三公，論道經邦……三孤貳公，弘化寅亮」云云。明「輔貳」字不得作「二」，《集注》作「二」，亦非，況「三」乎？《通志・職官略・三公總序》作「三孤貳公」，《太平御覽》卷二百三、《冊府元龜》卷七百八、《職官分紀・三少》並同。毛本作「屬」，蓋涉下文而誤；「三」則誤從建本耳。陳校當從《申鑒》、《尚書》、本書內證、尤本等正之。

桂陽失圖　注：沈約《宋書》曰：桂陽王休範，文帝子也。太宗晏駕，主幼時屯，遂舉兵反。……越騎校尉張苟兒直前，斬休範首。持還。休範自新林分遣同黨杜墨蠡等，直入朱雀曰。

【陳校】
　　注「張苟兒」。「苟」，「敬」誤。又「朱雀曰」。「曰」，「門」誤。

【疏證】
　　《集注》本、奎本、明州本、尤本、建本作「苟」、「門」。贛本作「敬」、「門」。謹案：事見《宋書・桂陽王休範傳》，正作「敬」、「門」字。《宋書・後廢帝本紀》作「敬」、「航」。《南史・桂陽王休範傳》，作「苟」、「門」。毛本誤作「曰」，蓋因形近；作「苟」，乃諱字，所諱者不是五代後晉石敬瑭，即是趙宋翼祖。毛本當從尤、建二本而來，陳係不知此為諱字耳。由此諱可以推論：《集注》本所據之傳鈔本，傳鈔年代不會早於後晉立國之 936 年。其底本並非「唐鈔」也。此在《文選》版刻史上，當是不可回避之史料。對於《集注》本成書之編者、時間等版本要素，都具有重要的參考價值。

廢昏繼統之功　注：順帝立。檄太常曰：繼統揚業。

【陳校】
　　注「檄太常」，當作「劉歆移太常」。

【集說】
　　余氏《音義》曰：「立檄」。「立」下，何增「劉歆」二字。

胡氏《考異》曰：注「檄太常曰」。何校「檄」改「移」，陳同。是也，各本皆誤。

梁氏《旁證》曰：何校「檄改移」，陳同。按：「移」上，當有「劉歆」二字。

【疏證】

奎本以下諸六臣合注本、尤本悉同。謹案：「繼統揚業」，此善注引劉歆《移書讓太常博士》中語。《移書》載在本書，首有：「歆因移書太常博士責讓之曰」云云，此十二字，始見於《漢書·劉歆傳》，為李善截取為《移書》序文。毛本當誤從尤、建二本，陳、何校蓋據《漢書》、本書內證補之。文獻所錄大抵作「移書太常」，如《藝文類聚》卷二十七引劉歆「《遂初賦》曰：歆乃移書太常責讓」云云，《太平御覽》卷五百九十七、《冊府元龜》卷五百九十九等，則並同《漢書》，故「移」下還當有「書」字為穩。

乃作司空，山川攸序　注：《禮記》曰：司空執度。度地居于民山川沮澤也。

【陳校】

注「度地居于民」，「于」字衍。

【疏證】

奎本以下諸六臣合注本、尤本悉無「于」字。謹案：《禮記注疏》曰：「司空執度度地，居民山川沮澤」。《正義》曰：「言司空執度度地者，謂司空執丈尺之度，以量度於地，居處於民，觀山川高下之宜，沮澤浸潤之處。」《職官分紀》卷二引「居」下亦無「于」字。竊按《禮記》正文，固不當有「于」字，然善注末句，容或依《正義》，「居」下有「處于」二字。然則，毛本或傳寫脫一「處」字，或係倒轉「民于」二字致譌耳。陳校則從《禮記》及尤本等也。

順皇高禪　注：沈約《宋書》曰：順帝諱准，字仲謨。

【陳校】

注「諱准」。「准」，「準」誤。

【疏證】

《集注》本、奎本以下諸六臣合注本、尤本悉同。謹案：《宋書·順帝紀》、

《南史・宋本紀下》作「準」。王氏《野客叢書・承准字》：「《宋書》『平準令』，避順帝諱改曰『染署』。其他言『準』字處，所避可知。」是《宋書》本諱作「准」。作「準」者，乃後世回改焉。陳校則從《宋書》、尤本等改，此亦不得謂毛本為誤。

徽猷（宏）〔弘〕遠 注：《毛詩》曰：君子徽猷。

【陳校】

注「君子」下，脫「有」字。

【集說】

胡氏《考異》曰：注「君子徽猷。」陳曰云云。是也，各本皆脫。

梁氏《旁證》曰：陳校「子」下添「有」字。各本皆脫。

【疏證】

奎本以下諸六臣合注本、尤本脫同。《集注》本有「有」字。謹案：語見《毛詩注疏・小雅・角弓》，正有「有」字，《記纂淵海》卷六十引、本書盧子諒《贈劉琨》「宣其徽猷」注、劉越石《勸進表》「謳歌者無不吟詠徽猷」注引並同。毛本當誤從尤、建二本等，陳校當從本書內證、《毛詩》補之。

荀裴之奉魏晉 注：《魏志》曰：太祖封荀攸亭侯……臧榮緒《晉書》曰：裴秀，字秀彥……尚道鄉公立，與議定策。

【陳校】

按：荀，謂魏司空荀顗也。此言淵歷事宋、齊，猶荀顗。裴秀，當魏、晉代興之際，並以舊臣作佐命耳。注引「荀攸」，非是。又，「秀彥」。「秀」，「（子）〔季〕」誤。「尚道」。「尚」，「常」誤。

【集說】

孫氏《補正》曰：何引陳景雲云：「荀，謂荀顗也。注似誤。」

梁氏《旁證》曰：注「太祖封荀攸亭侯。」陳曰：「荀，謂荀顗也。注似誤。」林先生曰：「荀顗為魏臣入晉，若荀攸，則未嘗事兩朝」。

【疏證】

《集注》本、奎本以下諸六臣合注本、尤本悉作「季」、「常」。謹案：《晉

書・裴秀傳》，作「季彥」、「常」。毛本誤「秀」，當因形近；誤「尚」，則當音近耳。陳校「季」，原作「子」，蓋指「秀」字下部「乃」，當改「子」，即「季」字。傳寫者，不解其意，直錄之。今並改正。陳校當從《晉書》、尤本等正之。本條兼論善注之不當，梁氏《旁證》引林先生曰：「荀顗為魏臣入晉。若荀攸，則未嘗事二朝」，可佐證陳氏「荀，謂荀凱」之說。然則，此處考辨史實，即為校正文字，足見陳氏以史實考據資助校《選》爾。

令之尚書令，古之冢宰

【陳校】

上「令」，當作「今」。

【集說】

余氏《音義》曰：六臣「令」作「今」。

【疏證】

《敦煌・法藏本》P.3345、諸《文選》本咸作「今」。謹案：五臣作「今」，濟注可證。《北堂書鈔》卷五十九「周之冢宰」注引曹嘉之《晉紀》云：「《荀勗守尚書令詔》曰：『周之冢宰，今尚書令。』皆古百揆之任。」《冊府元龜》卷七百七十有「昔晉武帝《策荀公》曾曰：周之冢宰，今之尚書令也。」今但觀下文「古之冢宰」，及上所引《詔》、《策》之「周之冢宰」，已可決字當作「今」。毛本傳寫涉下文而誤，陳校當從尤本等正之。

虔遂沖旨　注：《晉起居注》曰帝詔曰。

【陳校】

注「《起居注》曰」。「曰」，「安」誤。

【集說】

胡氏《考異》曰：注「《晉起居注》曰帝詔曰。」陳云：「上曰字，安誤。」是也。各本皆誤。

梁氏《旁證》曰：陳校上「曰」字改「安」。各本皆誤。

【疏證】

奎本以下諸六臣合注本、尤本誤悉同。謹案：上「曰「字，不合善注書名

下用「曰」字義例。檢本篇「固秉摛挹」注、「用申超世之尚」注、本書沈休文《齊故安陸昭王碑文》「絕後光前」注引並作「安」。毛本當誤從尤、建二本等，陳校當從本書內證正之。

餐東野之秘寶 注：王隱《晉書》庾峻曰：……又曰《雒書·天淮聽》曰：《顧命》云：天球、河圖在東序。天球，寶器也。河圖，本紀。圖帝王終始存亡之期。

【陳校】

　　「又曰」。「又」，「一」誤。「雒書天（誰）〔淮〕聽」五字，未詳。據王元長《策秀才文》注，當作「《尚書璇璣鈐》」。又「河圖，本紀。」「本」，「命」誤、「紀」下脫「也」字。

【集說】

　　（顧）廣圻按：（「雒書天淮聽」）此亦緯名。

　　胡氏《考異》曰：注「又曰雒書」。袁本、茶陵本「又」作「一」，是也。又曰：注「河圖本紀。」袁本、茶陵本「本」作「今」。陳云：「據王元長《策秀才文》注引《璇璣鈐》，本，命誤，紀下脫也字。」是也。

　　梁氏《旁證》曰：陳曰：「據王元長《策秀才文》注」云云。

　　姚氏《筆記》曰：「《雒書·天淮聽》曰」，何云：或刻「零准」。

　　許氏《筆記》曰：何云：「天，一刻作零。」案：一刻作「靈」。嘉德案：注「《雒書·天淮聽》」，茶陵本「天淮」〔作〕「零淮」。一本作「靈淮」。《周本紀》注作「雒書靈聽」，當是「靈淮聽」。

【疏證】

　　《集注》本、奎本、贛本、尤本作「零准」。明州本、建本作「零淮」。謹案：「雒書靈准聽」，見《古微書·雒書緯》，作「靈准」。朱彝尊《經義考》卷二百六十四：「《洛書·靈準聽》鄭玄注：佚。孫瑴曰：所述多太古溟涬以上，故其言幽靈惚怳，不可為象，而但溢於聽。按：《洛書·靈準聽》，《乾鑿度》引其文，則《鑿度》之先，已有其書。」今檢《廣韻》：「准，俗準字。」「淮」與「准」，形近而混。善本當作「准」。自明州本已譌作「淮」，建本從之。「零」與「靈」通。《隸釋·故民吳仲山碑》：「神零有知」洪注：「碑以零為靈。」吳氏《別雅》卷二：「神零，神靈也。」皆其證。毛本傳寫而誤，陳校當從贛、

尤二本正之。其餘三處，奎本、明州本、建本作「一曰」、「今紀」、無「也」字。《集注》本、贛本作「一曰」，餘同毛本。尤本三處同毛本。謹又案：此三處，毛本誤從尤本，陳校則從本書王元長《永明十一年策秀才文（問秀才朕秉）》「朕秉籙御天，握樞臨極」注，正之爾。「天淮聽」。「淮」，周鈔《舉正》譌「誰」，今已正。

參以酒德 注：《晉書》：劉劭有《酒德頌》。

【陳校】

注「劉劭」。「劭」，「伶」誤。

【集說】

胡氏《考異》曰：注「《晉書》：劉伶」。袁本、茶陵本無「《晉書》」二字、「伶」作「劭」。案：尤所校改亦非。「劭」，當作「靈」。

梁氏《旁證》曰：尤本「劭」作「伶」。說詳《陶徵士誄》。

【疏證】

《集注》本、奎本、明州本、建本同。贛本、尤本作「伶」。謹案：字當作「靈」，前胡說是。參上《陶徵士誄》「性樂酒德」條。毛本當誤從建本等，陳校亦非。

齊君趨車而行哭 注：《晏子》曰：（公）下車而趨，知不如車之馺，則又乘之。

【陳校】

注「車之馺」。「馺」，「馺」誤。

【集說】

胡氏《考異》曰：注「知不如車之馺。」陳曰云云。是也，各本皆譌。《齊故安陸昭王碑文》亦譌「馺」。

梁氏《旁證》曰：陳校「馺」改「馺」。

【疏證】

《集注》本並引《鈔》同。奎本、尤本同。明州本、贛本作「馺」。建本誤作「殃」。謹案：陳改、前胡說皆非。事見《晏子·外篇下》，作「遫」。《說苑》卷一、《太平御覽》卷四百八十七引《晏子春秋》作「速」。「遫」與「速」，

為古今字。按《廣韻・夬韻》「駃，苦夬切。」《說文・馬部》「駃，徐鉉曰：今俗與快同用。」又觀善注「知不如車之駃」，《鈔》引《韓子》曰：「以馬不駃，下車而走。」皆以作「駃」為得，尤其後者，不可作「以馬不駛」。作「駃」，亦正與今本《晏子春秋》作「速」為切合。是不得言「駃」字誤，益明矣。然「駛」與「駃」形跡酷似，相混已久，六朝以降至唐已如此。《江文通集・蓮花賦》：「秋風駛兮舟容與」、仇兆鰲《杜詩詳註・晚秋陪嚴鄭公摩訶池泛舟》「湍駛風醒酒」二詩「駛」下並有注「一作駃」。是其驗。本書沈休文《齊故安陸昭王碑文》「行哭致禮」注亦作「駛」。故亦不宜言作「駛」為誤。毛本當從尤本，陳校當從贛本、本書內證等，兩存之可也。

辰精感運　注：《爾雅》曰……《春秋元命苞》曰：殷紂之時，五星聚房者，蒼神之精。同據而興。

【陳校】

注「五星聚房」下，當重有一「房」字。又「同據而興」。「同」，「周」誤。

【集說】

胡氏《考異》曰：注「五星聚房者」。陳云：「當重有房字。」是也，各本皆脫。又曰：注「同據而興」。陳云：「同，周誤。」是也，各本皆譌。

梁氏《旁證》曰：陳曰：「當重有房字。」是也。荀悅《申鑒》注、《藝文類聚・符命部》、《太平御覽・天部》五、《玉海・祥瑞門》並同，可證。《古微書》引「聚」下有「於」字。又曰：陳校「同」改「周」。各本皆誤。

【疏證】

明州本、尤本、建本兩處同。奎本脫「《爾雅》曰」等三條善注。《集注》本、贛本重「房」字、作「周」。謹案：語見《古微書・春秋緯・春秋元命苞》，正重「房」字、作「周」。《藝文類聚》卷十、《太平御覽》卷五引、本書謝玄暉《始出尚書省》「青精翼紫軟」注、沈休文《齊故安陸昭王碑文》「五曜入房」注引並同。毛本誤從尤、建二本等，陳校當從贛本、本書內證、《古微書》等補正之。

天鑒璿曜　注：言君能鑒照璇璣七曜之道……《尚書》曰：在璿璣玉衡，以齊七政。璇，與璿同。

【陳校】

「天鑒璿曜。」據注「璿」，當作「琁」。

【集說】

胡氏《考異》曰：「天鑒璿曜。」何校「璿」改「琁」。陳曰云云。案：袁、茶陵二本所載五臣良注字作「璿」，此必善「琁」，五臣「璿」，各本亂之而失著校語。

梁氏《旁證》曰：何校「璿」改「琁」。陳曰云云。

胡氏《箋證》曰：善曰：「《尚書》曰：『在璿璣玉衡，以齊七政。』琁，與璿同。」按：正文「璿」，當作「琁」。注謂：此「琁」與《尚書》之「璿」同也。蓋古文作「璿」，今文作「琁」。

【疏證】

《敦煌‧法藏本》P.3345、諸《文選》本悉同。《集注》本正文璿、引善注作「琁」、《尚書》、《音決》並作「璿」。謹案：善本作「琁」，已見善注「鑒照璇璣」及末句；五臣作「璿」，良注可證。「璿」與「琁」，雖為古今字，然善與五臣用既有別，合當還善本來面目。毛本蓋誤從尤本等，陳校乃從注文正之。後胡謂「注謂：此琁與《尚書》之璿同也」，說是。參拙著《何校集證》。

儀形長遞　注：音逝。鄭玄《春秋緯》注曰：遞，去也。

【陳校】

注「音逝」，當作「協韻。成列反。」

【集說】

胡氏《考異》曰：注「音逝」。袁本、茶陵本此二字在注末。是也。

梁氏《旁證》曰：六臣本「遞」作「逝」。

許氏《筆記》曰：「長遞」。《說文》：「遞，更易也。从辵虒聲。特計切」；「遰，去也。从辵帶聲，特計切。」《史記‧賈誼傳》「鳳漂漂其高遰兮」《索隱》：「遰，音逝。」《夏小正‧九月》「遰鴻雁」戴氏曰：「遰，往也。」此「遞」，當為「遰」字之譌。讀音「逝」。

【疏證】

尤本同。奎本、明州本作「逝」，校云：善本作「遞」，注；「成列反，協

韻。」贛本作「遞」，校云：五臣本作「逝」，注：「成列反。協韻。」建本略同贛本，惟「遞」字下音注乙在校語前。《敦煌·法藏本》P.3345 作「遰」。謹案：善本作「遞」，善引鄭玄注已明、五臣作「逝」，銑注可證。此五臣求異善本，乃取善音為正文，復改反切為「逝」字音。陳校乃以「協韻。成列反」改「音逝」，是以五臣亂善，其誤顯而易見。善注「音逝」。前胡謂六臣合注本「此二字在注末」，張雲璈云：「音釋多在注末，而不在正文下。凡音之在正文下者，皆非李氏舊也。」二家說皆是。尤本誤置當字（遞）下，此毛本所出。不明陳氏何以無視諸六臣合注本中，善注末咸有「音逝」二字，而反固執於五臣音釋？豈誤讀明州本校語下、建本正文「遞」字下，直接五臣音歟？《敦煌》本正文作「遰」，亦得，蓋「遰」與「遞」、「逝」音近並通。《直音篇·辵部》：「遞，迢遞。遰，同遞。」《說文·辵部》：「遰，去也。」《集韻·祭韻》：「逝，往也。或作遰。」並其證也。許氏「此遞，當為遰字之譌」，與《集注》合，亦可見異行校勘之功力。

文選卷五十九

頭陁寺碑文一首　　王簡棲

王簡栖　　注：《姓氏英賢錄》曰：王巾，字簡栖。

【陳校】

注「王巾」。「巾」，「中」誤。下同。

【集說】

《讀書記》：簡棲之名當作「中」，古文「左」字也。葉刻同

余氏《音義》曰：「王巾」。「巾」，何改「中」，曰：「本注同。」《說文通釋》：「王中音徹。俗作巾，非。」

胡氏《考異》曰：注「王巾」。何校「巾」，改「中」，下同。陳云：「巾，中誤。」案：《說文通釋》：「王中音徹。俗作巾，非。」何、陳所據也，各本皆作「巾」。

梁氏《旁證》曰：何校「巾」，改「中」，陳同。胡公《考異》曰云云。或云「巾，閒居服，故字簡棲。」吳氏省欽曰：「中，即左字。《簡兮》詩：『左手執籥』，其名與字或取此。」

姚氏《筆記》曰：余往在京師，同年邵三叔宀云：「字為中。徐楚金《說文通釋》作王中中。」何校改，同。《隋書·經籍志》：梁有《王巾集》十一卷。亡。」鍾嶸《詩品》云「齊記室王巾。」並作「巾」。

徐氏《糾何》曰：何以簡栖之名當作「中」中，古文「左」字。案：何氏

之釋《困學紀聞》亦是如此。予考《說文》:「屮屮,手也,象形,今作「左」。屮,草木初生也,音徹。」今以簡栖之號繹之,當從「屮」,不從「屮」屮。

　　胡氏《箋證》曰:注「善曰:王巾,字簡棲。」《考異》曰:「《說文通釋》云云。或曰:『巾,閒居服,故字簡棲。』」吳氏省欽曰云云。程氏瑤田曰:「《焦氏筆乘續集》:『王簡棲,楊用修辨其名為屮,音徹。亦非也。《說文》:竹從兩个,介亦作簡。據字簡棲,知其為介耳。瑤田謂:『簡棲於巾字、屮字並難通,於介字亦費解,此等處〔斷〕宜闕疑。』」《旁證》云:「梁《高僧傳》載王曼穎《與皎慧法師書》云:『唯釋法進所造王巾有著,意存該綜,可擅一家。然進名博而未廣,巾體立而不就。』又梁釋慧皎《高僧傳序》云:『琅琊王巾所撰《僧史》,意似該綜,而文體未足』云云,據此簡棲於宗教究心已久,宜此作之精詣也。」紹煐按:《神仙寺碑序》亦王巾作,字作「巾」。

　　許氏《筆記》曰:注「王巾,字簡栖」。何云:「《困學紀聞》云:《說文通釋》以為『王屮』。臣鉉等曰:『屮,上下通也,丑列切。』案:《說文》:『屮,艸木初生也,象丨出形,有枝莖也。古文或以為艸字,讀若徹。尹彤說。』」嘉德案:徐楚金《說文通釋》云:「屮,從丨引而上行,艸始脫荂甲,未有歧根。齊有輔國錄事參軍王屮,字簡栖,作《武昌頭陀寺碑》,見稱於世。」王厚齋所說蓋本此。今各本作「王巾」,字之誤耳。胡曰云云。嘉德又考:何氏《讀書記》則又云:「簡栖之名,當作屮,古文左字也。」案:古文「左」,篆作「屮」《玉篇》作屮,即屮字。《說文》:「ナ,手也。」今字作「左」,此今之「左右」字也,不與屮篆同。然則,簡栖之名,依小徐說當是「屮」字。義門又以為「名ナ」,或形相似而舛誤,當再考。

　　黃氏《平點》曰:王簡棲注引《姓氏英賢錄》曰:「王屮,字簡棲。」案:「巾」,一作「屮」,見《說文繫傳》。恐不足據。

　　近人劉盼遂《文選篇題考誤》曰:按彗皎《高僧傳‧王曼穎跋》云:「唯釋法進所造王巾有善。然進名薄而未廣,巾體立而不就。梁末作者亦有病諸。」此所謂王巾即簡棲也。何焯謂「簡棲宜名屮」自注:左之古文。桂馥謂「宜為屮」,皆非。

【疏證】

　　奎本、明州本、尤本、建本同。惟贛本作「屮」。謹案:毛本當從尤本等,陳、何校或從贛本。簡棲名有四說:一,巾:閒居服。梁引「或曰」主其說,劉氏亦可歸此說。二,屮(包括艸。見商承祚說):何、陳、余、前胡、姚、

桂馥主其說。三，左（ナ）：何、徐主其說。四，介。焦氏主其說。竊意何氏以簡栖名「ナ」，或是。簡栖，義猶卜居也。「ナ」有貶謫（左遷）、僻左義（《增韻·哿韻》：「凡幽猥皆曰僻左」）。名、字取此，為有聯係。不然，無妨從程瑤田「此等處〔斷〕宜闕疑」焉。參拙著《何校集證》。

言之不可以已　　注：《左氏傳》：叔何謂䚡蔑曰：子若無言，吾幾失子矣。

【陳校】

　　注「叔何」。「何」，「向」誤。

【疏證】

　　奎本以下諸六臣合注本、尤本悉作「向」。謹案：事見《春秋左傳注疏·昭公二十八年》，正叔向語，《太平御覽》卷三百八十二、《記纂淵海》卷五十、卷六十三引並同。毛本獨因形近而誤，陳校當從《左傳》、尤本等正之。

形乎彼岸矣　　注：《大智度論》曰亦以涅盤為彼岸也。

【陳校】

　　注「《大智度論》」下，衍「曰」字。

【集說】

　　胡氏《考異》曰：注「《大智度論》曰：亦以涅盤為彼岸也。」陳曰云云。是也，各本皆衍。

　　梁氏《旁證》曰：陳校去「曰」字。各本皆衍。

【疏證】

　　奎本以下諸六臣合注本、尤本衍同。謹案：此李善轉述《大智度論》語意，非直接迻錄彼原文，據上下文可辨。毛本當誤從尤、建二本等，陳校據上下文義正之。前胡、梁氏並宗其說。

夫幽谷無私　　注：《周易》曰：入于幽谷。不明也。

【陳校】

　　注「不明」上，脫「幽」字。

【疏證】

　　奎本以下諸六臣合注本、尤本悉有「幽」字。謹案：語見《周易注疏·下

經・困》，正有「幽」字，《太平御覽》卷五、《記纂淵海》卷八引並同。毛本涉上而脫，陳校當從《周易》、尤本等補之。

憑五衍之軾　注：《僧肇論》曰：聘六通之神驥。

【陳校】

注「聘六通」。「聘」，「騁」誤。

【疏證】

明州本、建本同。奎本、贛本、尤本作「騁」。謹案：姚秦・僧洪肇有《涅槃論》，又稱《僧肇論》。唐・釋道世《法苑珠林・興福篇》亦有「俱騁六通之神驥」語。「騁」之誤「聘」，本書屢見，皆因形近。毛本誤從建本等，陳校當從贛、尤二本及上下文義等正之。

行不捨之檀　注：夫心愛眾生而行捨者，則增愛，非為實捨……《僧肇論》曰：賢劫稱無捨之檀，成具美，不為之為也。

【陳校】

注「行捨」下，當重一「捨」字。又，「成具美」。「具」，「其」誤。

【疏證】

奎本以下諸六臣合注本、尤本悉作「行捨者捨」。奎本、贛本作「其」。明州本、尤本、建本作「具」。謹案：毛本獨因涉上脫「捨」；譌「具」，則誤從尤、建二本耳。陳校語亦有誤，當作「捨者下，脫一捨字」，方切。陳正「具」，當從贛本。

導亡機之權，而功齊塵劫　注：夫以機心導物，物所以機心應之。……故誘以無幾之智，何止功濟塵劫乎？《辨亡論》曰：魏氏功濟諸華。《法華經》曰：一塵為一劫。此諸微塵，數其劫復過是。

【陳校】

「功齊塵劫」。「齊」，「濟」誤。又注「物所以」。「所」，「斯」誤。「無幾之智」。「幾」，「機」誤。「此諸微塵」。「此」，「比」誤。

【集說】

孫氏《考異》曰：「濟」誤「齊」。

胡氏《考異》曰：注「物所以機心應之。」袁本、茶陵本「所」作「斯」，是也。

梁氏《旁證》曰：六臣本「所」作「斯」，是也。

許氏《筆記》曰：「功齊」。注「魏氏功濟諸華」，依注「齊」作「濟」。孫氏亦云云。此傳寫譌也。茶陵本作「濟」。又注「物所以機心應之。」「所」當作「斯」。茶、袁本作「斯」，不誤。

【疏證】

奎本、尤本作「濟」、誤「所」、作「機」、誤「此」。明州本、贛本、建本「濟」、「斯」、「機」、誤「此」。謹案：「齊」與「濟」通。《荀子・王霸》：「以國齊義，一日而白，湯武是也」楊倞注：「齊，當為濟。以一國皆取濟於義，一朝而名聲明白，湯武是也。」「不務張其義，齊其信，唯利之求」。王先謙集解：「《群書治要》齊作濟。」皆其證。「齊」，毛本蓋用段字，不得言誤。餘三字，「所」、「此」，蓋因形近而誤，作「幾」，則音、形兩近之誤。「無幾之智」，本承上「機心」而來，固當作「機」。陳校當從上下文義、《法華經》等正之。

蔭法雲於真際 注：《華嚴經》曰：不壞法雲，徧覆一切。劉虯《法華經注》曰：雲譬應身，則殊形竝現。順機不偏，此則彌布徧覆之義也。

【陳校】

注「不偏」。「偏」，「徧」誤。

【疏證】

奎本以下諸六臣合注本、尤本悉作「徧」。謹案：但據注上文引「《華嚴經》」，下文劉注「徧覆」云云，亦可證當作「徧」字。魏晉以降，俗寫多彳、亻不分，毛本因承其譌，陳校當從上下文義、《法華經》等正之。

親昭夜景之鑑 注：《左氏》曰：莊公七年四月辛卯夜，恒星不見。

【陳校】

注「左氏」下，脫「傳」字。

【疏證】

奎本以下諸六臣合注本、尤本悉有「傳」字。謹案：事見《春秋左傳注疏・莊公七年》，固當有「傳」字，《藝文類聚》卷一引作「《左氏傳》」。《太平

御覽》卷五引作「《左傳》」。毛本傳寫獨脫，陳校當從《左傳》、尤本等正之。

澄什結轍於山西 注：《高僧傳》曰：天竺佛圖澄，西域人。本姓帛，少出家西域人。得道……又曰：鳩摩羅什……既道流西域，名被東川。

【陳校】

注「西域人」，當作「為沙門」。見《世說》注。又，「名被東川」。「川」疑「州」誤。

【集說】

胡氏《考異》曰：注「名被東川」。陳云：「川，疑州誤。」是也，各本皆譌。

梁氏《旁證》曰：注「少出家西域，咸得道」。毛本「咸」作「人」。又曰：陳曰：「川，疑州誤。」是也。各本皆誤。

【疏證】

奎本以下諸六臣合注本、尤本悉作「西域咸」、「川」。謹案：「為沙門」，見《世說新語·言語》「佛圖澄與諸石遊」注引《澄別傳》曰：「好佛道，出家為沙門。」尤本等誤為「西域咸」，毛本因「咸」字無據，遂擅改為「人」，則與上文「西域人」重出。當從陳校。又《法苑珠林·引證部·晉沙門竺鳩摩羅什》亦作「東川」。毛本此從尤、建二本等，未必誤也。陳校、前胡說不足信。

林遠肩隨乎江左矣 注：《高僧傳》曰：支遁，字道林，年二十五出家，師釋道安符丕，後還吳。入剡……又曰：釋惠遠，……遊許洛，出家，師釋道安符丕。後還吳，入襄陽……晉義熙十二年終。

【陳校】

注兩「符丕」下，並有脫文。

【集說】

胡氏《考異》曰：注「年二十五出家，師釋道安符丕後還吳」。此有誤。劉孝標《世說新語·言語》注引高逸《沙門傳》云：「年二十五，始釋形入道」，恐此本與彼大意相同，並不云「出家師釋道安符丕」云云，今誤涉下《惠遠傳》文而如此也。何、陳校皆云「符丕下有脫」，未是。

張氏《膠言》曰：胡中丞曰：「劉孝標《世說新語·言語》注引高逸《沙

門傳》云……何、陳校皆云符丕下有脫文，亦未是」。

梁氏《旁證》曰：胡公《考異》曰「此有誤」云云。

【疏證】

奎本以下諸六臣合注本、尤本悉同。謹案：此錯入下《惠遠傳》文一節，自奎本以來諸六臣合注本即如此，毛本蓋誤從尤、建二本。《太平廣記·支遁》注亦云出「《高僧傳》」，與善引同源，文字略同而略詳於善。文云：「支遁，字道林。本姓關氏，陳留人。或云河東林慮人。……晉時，初至京師。太原王濛甚重之。……年二十五出家。」文至此而作一結煞曰：「每至講肄，善標宗會而章句」云云，別起一層。亦可為前胡「誤涉下《惠遠傳》文」說佐證。《考異》說當是，陳、何校未安。參拙著《何校集證》。

宗法師行潔圭璧　注：《東觀漢記》：馮衍說鮑叔永曰。

【陳校】

注「鮑叔」。「叔」字似衍。

【集說】

胡氏《考異》曰：注「馮衍說鮑叔永曰」。袁本、茶陵本無「叔」字。是也。

梁氏《旁證》曰：六臣本無「叔」字。是也。

【疏證】

尤本同。奎本以下諸六臣合注本無「叔」字。謹案：事見《東觀漢記·馮衍傳》，所說者為鄧禹。奏記末，有注云：「案：范書《本傳》以此奏記為衍勸鮑永之詞，與此異」。至《後漢書》本傳則云「衍因以計說永曰」云云，又有章懷注云「永字君長。」可見不當有「叔」字，此點，陳校、前胡說皆是。惜兩家未核《漢記》爾。毛本當誤從尤本。

以為宅生者緣，業空則緣廢　注：言身從緣生，緣亦斯廢也。

【陳校】

注「緣亦」。當作「緣空」。

【集說】

胡氏《考異》曰：注「緣亦斯廢也。」陳云：「亦，當作空。」是也，各本皆誤。

梁氏《旁證》曰：陳校「亦」改「空」。各本皆誤。

【疏證】

奎本、明州本、建本、尤本作「緣亦」。贛本獨作「緣空」。謹案：毛本當誤從尤、建二本等，中「緣」字，復因形近而誤，是誤中之誤。陳校當從贛本、正文、上下文義等正之。此條亦可見《舉正》不可廢。《考異》為形勢所格，而有所改動。非顧氏所見有異也。

遂欲捨百齡於中身　注：范曄《後漢》：田巴《報馮衍書》曰。

【陳校】

注「後漢」下脫「書」字。「田巴」。「巴」，「邑」誤。

【集說】

余氏《音義》曰：「後漢」下，何增「書」字。

顧氏評校《汪氏文選理學權輿八卷孫氏補一卷》曰：「田巴《與馮衍書》」。（《書》）見陸機《長歌行》注。當作「上黨太守田邑《與馮衍書》」。王氏《蛾術軒篋存善本書錄‧甲辰稿》卷四，第 1403 頁。

胡氏《考異》曰：注「范曄《後漢》」。袁本、茶陵本無此四字。

【疏證】

尤本脫「書」、作「邑」。奎本、明州本、建本無「范曄後漢」四字、作「巴」。贛州本有「書」字、作「巴」。謹案：事見《後漢書‧馮衍傳》，正為「（田）邑」書。《冊府元龜》卷九百三作「邑報書曰」云云，《通志‧馮衍傳》同。本書陸士衡《長歌行》「逝矣經天日」注引范曄《後漢書》曰：「上黨太守田邑與馮衍書」云云，趙景真《與嵇茂齊書》「蕩海夷岳」注引同。尤本從贛本而偶脫「書」字。毛本從尤本而複譌「邑」字，陳、何當從本書內證、贛本等補正之。

弘啟興服　注：《東觀漢記》：博士議曰：除殘去賊，興復祖宗。

【陳校】

「服」，「復」誤。

【集說】

胡氏《考異》曰：「弘啟興服。」袁本、茶陵本「服」作「復」，是也。

梁氏《旁證》曰：尤本「復」，誤作「服」。

【疏證】

尤本誤同，注則作「復」。奎本以下諸六臣合注本並注作「復」。五臣正德本、陳本正德本作「復」。謹案：五臣作「復」，向注可證。此尤本傳寫因音近而誤，毛本誤從之。陳校當從善注及贛本等正之。注引《東觀漢記》語，見《郊祀志》，作「復」。

是以惟新舊物　注：《方氏傳》：伍員曰：不失舊物。

【陳校】

注「方氏」。「方」，「左」誤。

【疏證】

奎本以下諸六臣合注本、尤本悉作「左」。謹案：伍員語，見《春秋左傳注疏‧哀公元年》。本書潘元茂《冊魏公九錫文》「不失舊物」注、劉越石《勸進表》「舊物克甄」注、陸士衡《辯亡論上》「清天步而歸舊物」注引悉作「左」。此毛本傳寫偶脫，陳校無須披贛、尤二本、《左傳》等，可信手正之耳。

寧遠將軍長史江夏內史行事彭城劉府君諱誼　注：蕭子顯《齊書》：劉誼，字士穆。為江夏王郢州行事者，謂王年幼，內史代之以行州府事，故稱行事也。

【陳校】

「劉府君諱誼」。「誼」，「暄」誤。注同。又，「郢州行事」下，當重有「行事」二字。「行事」之名，後漢已有之。如西域長史索班稱「行事」是也，見《西域傳》。

【集說】

余氏《音義》曰：何曰：「諱誼」，《南史》作「暄」。後為領軍，東昏殺之，作文時暄尚在。趙德夫《跋樊毅西嶽碑》云：「生而稱諱，見於石刻者甚眾。」

葉刻：何校：「諱誼。《南史》作暄。後為領軍，東昏殺之。作文時尚在。諱字不知誰所加。生而稱諱始自漢宣，或當時之舊也。趙德夫《跋樊毅西嶽

碑》云：『生而稱諱，見於石刻者甚眾。』」是也。

孫氏《考異》曰：何云：「諠，《南史》作暄。」

胡氏《考異》曰：「諱諠」。何云：「《南史》作暄，」陳云「諠，暄誤。注同。」案：此所引《南齊書‧江祏傳》文，今本亦作「暄」，蓋傳寫譌「諠」也。又曰：注「為江夏王郢州行事者。」陳曰：「行事下，當重有『行事』二字」云云。案：所校是也。各本皆脫。

梁氏《旁證》曰：何曰云云。是也。胡公《考異》曰：「此所引《南齊書‧江祏傳》文，亦作暄。」又曰：「陳曰：『行事下，當重有行事二字。……見《西域傳》。』」是也。

姚氏《筆記》曰：何云：「《南史》作暄，後為領軍，東昏殺之。」

許氏《筆記》曰：何改「暄」。劉暄，《南史》、《齊書》並同，見《江祏傳》。嘉德案：陳校亦云：「諠，暄誤，注同。」是也。胡曰：「此所引《南齊書‧江祏傳》文，今本亦作諠，蓋傳寫譌也。」

【疏證】

諸《文選》本，獨贛本並注作「諱暄」。奎本以下諸六臣合注本、尤本悉脫「行事」二字。謹案：事見《南齊書》、《南史》二書《江祏傳》。二書並云：「劉暄，初為寶玄郢州行事。」毛本作「諠」，當誤從尤、建二本等，陳校當從贛本、二史等正之。注「行事者」云云，蓋李善釋此官職之得名耳。「行事」二字當重，此則但觀上下文義可決也。參拙著《何校集證》。

虛往實歸 注：《莊子》曰：常季問於仲尼曰：王駘，兀者也，與夫人中分魯。

【陳校】

注「夫人中夫人」。（上）「人」，「子」誤。

【集說】

余氏《音義》曰：「人中」。「人」，何改「子」。

【疏證】

奎本以下諸六臣合注本、尤本悉作「子」。謹案：事見《莊子‧德充符》，正作「子」。毛本獨傳寫而誤，陳校當從《莊子》、尤本等正之。

庀徒揆日　注:《左氏傳》:宋災,使華閱討右官,官庀其司。

【陳校】

「討右官」。「官」,「宮」誤。

【疏證】

奎本、贛本、尤本、建本作「官官」。明州本作「官宮」。謹案:事見《春秋左傳注疏‧襄公九年》,曰:「使華閱討右官,官庀其司」注:「代(華)元為右師。討,治也。庀,具也。使具其官屬。」《說文‧宀部》「官,吏事君也。從宀、從𠂤,𠂤,猶眾也。此與師同意。」《翰苑新書》前集卷二十「六部架閣」注引「《中興會要》:舊制:官庀其司,置于六部之內」之內云云,亦作「官庀」。毛本字作「官官」,當從尤、建二本等,不誤。陳校當據誤本。明州本亦誤。

層軒延袤　注:《聖主得賢臣頌》曰:雖崇臺五層,延袤百丈。《說文》曰:南北曰袤。

【陳校】

注「延袤」。「袤」,「衺」誤。

【疏證】

奎本以下諸六臣合注本、尤本悉作「袤」。謹案:《漢書》、《通志‧王褒傳》作「袤」,《藝文類聚》卷二十、《古今事文類聚》別集卷八並同。王《頌》載在本書,正作「袤」。但據正文及注引《說文》,亦可決當為「袤」字。毛本獨因形近而誤,陳校當從本書內證、尤本等正之。

金資寶相

【陳校】

「資」,「姿」誤。

【集說】

胡氏《考異》曰:袁本、茶陵本「資」作「姿」。是也。

梁氏《旁證》曰:尤本「姿」誤作「資」。

【疏證】

尤本同。五臣正德本、陳本、奎本以下諸六臣合注本作「姿」。謹案:五

臣作「姿」，濟注可證。「資」與「姿」通。《釋名・釋姿容》：「姿，資也。」《論衡・本性》：「初秉天然之姿，受純一之資。」《楚辭補注・九歎・愍命》「姿盛質而無愆」注：「姿，一作資。」皆其證。《式古堂書畫彙考・趙子昂書頭陁寺碑卷》亦作「資」。此當善本「資」、五臣「姿」。奎本首失著校語。尤本蓋別有所宗，毛本則從尤本。陳校、前胡欲以五臣亂善，誤矣。

永籍閒安

【陳校】

「籍」，「藉」誤。

【疏證】

奎本、明州本、建本同。贛本、尤本作「藉」。謹案：《式古堂書畫彙考・趙子昂書頭陁寺碑卷》作「藉」。《說文通訓定聲・豫部》：「籍，叚借為藉。」《史記・司馬相如列傳》「乃著書，籍以蜀父老為辭，而己詰難之，以風天子」，《漢書・司馬相如傳》作「藉」。《文苑英華》卷四百四十四《諸王冊文・封諸郡王勅》：「是以依方建邑，籍土疏疆。」「籍」下注：「一作藉。」皆其證。毛本蓋從建本等用借字，贛、尤則用被借字耳。陳校泥。

應乾動寂　　注：《春秋元命苞》曰：乾動川靜。

【陳校】

注「乾動川靜」。「川」，「巛」誤。

【集說】

胡氏《考異》曰：注「乾動川靜」。何校「川」，改「巛」，陳云：「川，巛誤。」是也，各本皆譌。

梁氏《旁證》同胡氏《考異》。

許氏《筆記》曰：「川」，當作「巛」。嘉德案：何校「川」亦改「巛」，陳校云：「川，巛誤」，皆是也。考《說文》：「巛，隸省作川。」今「巛流」字皆為「川」。又《玉篇》：「巛，古坤字。」《廣韻》：「坤、巛同。」此注「巛靜」之「巛」，乃古「坤」字，不可混作「川流」字。

【疏證】

奎本以下諸六臣合注本、尤本悉誤。謹案：檢《玉篇・巛部》：「巛，古為

坤字。」《龍龕手鏡・巛部》：「巛，古文，音坤。乹（乾）巛。」《篇海類編・地理類・巛部》：「巛，同坤。象六段也。連者，古川字。」同部：「巛，川本字。通作川。」《後漢書・輿服志下》：「黃帝堯舜垂衣裳而天下治，蓋取諸乾巛。乾巛有文，故上衣玄、下裳黃。」《太玄・難》：「大車川川。」司馬光集注：「宋、陸、王本，川川作巛巛。吳曰：巛，古川字。」上諸字書及文獻，言之甚明：巛，為坤之古文，巛，為川之古文。「乾動坤靜」本為《周易》常用語，且本條注引《春秋元命苞》四字，後二字與前『乾動』字相對為文，故作「川（巛）」者，必「坤（巛）」字之譌。然巛字上下割斷、巛二字，文獻經傳，傳寫久已淆亂，故何、陳、前胡諸家改作「巛」者，是以譌傳譌。王引之則以為「其（坤）作巛者，乃借用川字。」其《經義述聞・周易上》「巛」下云：「乾坤字正當作坤。其作巛者，乃借用川字……淺學不知，乃謂其象坤卦之畫，且謂當六段書之。夫坤之外尚有七卦，卦皆有畫。豈嘗象之以為震、巽、離、坎等字乎？甚矣，其鑿也！」引之未免師心自用，強為解人矣。在其前有《康熙字典》，今則有《中華大字典》等並巛、巛分立字頭，以川釋巛、以坤釋巛，與王說異趣。王文涉及之「六段」，是形象之說法，謂「巛」字中間一刀，遂將其一分為六，亦即「巛」耳。

玄津重枻 注：《漢書音義》：韋昭曰：枻，檝也。音裔。翊泄切。叶韻。

【陳校】

注「翊泄切」。「泄」，「洩」誤。

【疏證】

奎本以下諸六臣合注本、尤本悉同。謹案：五臣正德本、陳本及奎本等六臣合注本，正文「枻」下皆有音「翊洩反」。是反切，五臣用「洩」。李善用「泄」。「洩」乃「泄」之諱字。李善不諱本朝，五臣則諱也。《史記・司馬相如列傳》「揚桂枻」駰案：「韋昭曰：枻，檝也」。本書張平子《西京賦》「齊栧女」注引《漢書音義》「韋昭曰：栧，楫也」。二篇同引韋昭注，偏旁一從「世」，一從「曳」，可為避諱說佐證。依善注，毛本從尤本等不諱，是也。陳校乃改從五臣，豈非大繆。此亦陳校不明避諱之失。

丹刻翬飛 注：《左氏傳》又曰：刻桓宮桷。

【陳校】

注「桓宮桷」。「桶」，「桷」誤。

【疏證】

贛本、建本誤同。奎本、明州本、尤本作「桷」。謹案：語見《春秋左傳注疏·莊公二十四年經》，正作「桷」，《春秋公羊傳注疏》、《穀梁傳注疏·莊公二十四年》經傳並同，《太平御覽》卷一百八十八引《穀梁傳》亦同。《漢書·五行志上》「刻桷丹楹」注：「臣瓚曰：『桷，榱也。』師古曰：『莊公二十四年，刻桓宮桷，將迎夫人。故為盛飾。』」《白孔六帖》卷九十一「丹楹刻桷」並注同。《說文·木部》：「榱。秦名為屋椽，周謂之榱，齊謂之桷。從木衰聲。臣鍇按：『《春秋》：刻桓宮桷。又在《左傳》。』」毛本當誤從建本等，陳校當從尤本等正之。

齊故安陸昭王碑文一首　沈休文

魏氏乘時於前　注：《周易》曰：時乘六龍以御天。

【陳校】

「魏（武時乘）〔氏乘時〕」。下二字當乙。

【集說】

胡氏《考異》曰：「魏氏乘時於前」。「乘時」當作「時乘」。茶陵本校語云：「五臣作乘時。」是也；袁本校語云：「善作乘時。」非也。善「時乘」，五臣「乘時」，於注皆有明文，袁互換正文耳。尤以五臣亂善，所見誤與袁同。陳云：「二字當乙。」最是。

梁氏《旁證》曰：「乘時」當作「時乘」。

【疏證】

尤本作「乘時」。奎本、明州本作「時乘」，校云：善本作「乘時」字。贛本、建本「時乘」，校云；五臣本作「乘時」。五臣正德本作「時乘」。陳本改作「（氏）乘時」。「武」字，諸《文選》本咸作「氏」。謹案：《藝文類聚》卷四十五作「時乘」。據善引《周易》，已可知善作「時乘」。檢《周易·乾卦》

云：「六位時成，時乘六龍以御天。」孔疏：「言乾之為德，以依時乘駕六爻之陽氣，以控御於天體。」本書《東京賦》「天子乃撫玉路，時乘六龍」善引《周易》作「時乘」同。又，王元長《三月三日曲水詩序》亦有：「時乘既位，御氣之駕翔焉」云云，並證善本作「時乘」為是。按王詩濟注：「《易‧乾卦》云：『時乘六龍以御天也。既位，謂飛龍，喻天子得位也』」云云，並正德本作「時乘」看來，本條銑注非不知「時乘」為是，乃有意倒轉正文，以合其「魏主乘天時而為天子」之解，最終逞其異同善本之志爾。前胡「於注皆有明文」、「尤以五臣亂善」說，皆是也。尤本當誤宗明州本校語。毛本當誤從尤本等。本條陳校，周鈔《舉正》作「武時乘」，連誤三字，端賴前胡《考異》存陳校之真貌，得以改正，否則，幾厚誣前賢矣。此尤可見今日整理周鈔《舉正》之必要。

靈源與積石爭流，神基與極天比峻 注：《毛詩》曰：崧高惟岳，峻極于門。

【陳校】

「靈源與積石爭流」二句，蕭出自商。「靈源」、「神基」，謂契之發祥遠也，故《銘》辭首引《元鳥》之詩。又，注「于門」。「門」，「天」誤。

【疏證】

奎本以下諸六臣合注本、尤本悉作「于天」。謹案：語見《毛詩》，見《大雅‧崧高》，正作「天」，《藝文類聚》卷七、《風俗通義》卷十引並同。本書孫興公《遊天台山賦》「夫其峻極之狀」注引亦作「天」。毛本獨涉注上文引《尚書》而誤。陳校當從《毛詩》、尤本等正之。此陳氏兼釋文義，可補善注不及。

清昭內昭 注：《禮記》又曰：清明在躬。

【陳校】

「清昭內昭」。上「昭」，「明」誤。

【疏證】

諸《文選》本咸作「明」。謹案：《禮記》，見《孔子閒居》篇，正作「明」，《太平御覽》卷八百八十一同。今觀正文與下「昭」字複，又善注作「清明」

字，已可證當作「明」字。毛本獨因涉下而誤，陳校當從《禮記》、尤本、本書內證等正之。

簡久遠大之方　注：《周易》曰：有親則可大，有功則可大。

【陳校】

注「有親則可大。」「大」，「久」誤。

【疏證】

奎本以下諸六臣合注本、尤本悉作「久」。謹案：《周易》，見《繫辭上》，正作「久」，《冊府元龜》卷十三同。本書潘安仁《西征賦》「乾坤以有親可久」注、馬季長《長笛賦》「蓋亦簡易之義」注引並作「久」。若作「大」，則與下文亦重。毛本正涉下而誤，陳校當從《周易》、本書內證、尤本等正之。

始以文學游梁　注：蕭子顯《齊書》曰：緬為宋劭陵王文學中書郎。

【陳校】

注「劭陵」。「劭」，「邵」誤。

【集說】

胡氏《考異》曰：注「緬為宋劭陵王文學」。何校「劭」改「邵」，陳同。是也，各本皆譌。

梁氏《旁證》同胡氏《考異》。

【疏證】

奎本以下諸六臣合注本、尤本悉同。謹案：語見《南齊書·安陸昭王緬傳》，正作「邵」字。《梁書·王峻傳》，亦有「峻為太子舍人邵陵王文學……甚相賞遇」語。本書陸韓卿《奉答內兄希叔》題下注引《顧氏家譜》、任彥昇《齊竟陵文宣王行狀》「南中郎邵陵王」注並作「邵陵王」。考《晉書·地理志》：「邵陵郡，吳置。」而類書《藝文類聚》卷三十七：「梁劭陵王蕭綸《貞白先生陶　景碑》曰」云云、卷五十六：「梁劭陵王蕭綸《迴文詩》」云云，並作「劭陵」。諸文選本或同類書，毛本當從尤本等，未必誤焉。陳、何、前胡等蓋據本書內證、史書等。

帝出于震，日衣青光　注：言齊之興也。《周易》曰：帝出乎震。震，東方也。《春秋元命苞》曰：孔子曰：扶桑者，日所出，房所立，其耀盛。蒼神用事，精感姜原。卦得震。震者動而光，故知周蒼。代殷者為姬昌。人形龍顏。長大。精翼日，衣青光。宋衷曰：為日精所羽翼，故以為名。木神，以其方色衣之。

【陳校】

　　按：阮孝緒言「齊為木行，東為木位」，見《南史》本傳。此二句當引（既）〔其〕語作注。

【疏證】

　　明州本、贛本、尤本、建本悉同。奎本作「于出」，校云：善本作「出于」。注「姜原」誤「姜公」，餘同。謹案：此亦陳氏論注之失當。善注引緯書，冗而有闕，陳校可補善注之闕。五臣良曰：「震，東方木也。言齊為木德，將登帝位，故云『帝出于震。』日，比君也。『衣青光』者，亦取其木色也。」然則，陳校當亦由五臣啟發。周鈔「既」，「其」誤。已正之。

獻替帷辰　注：《國語》：史黠謂趙簡子曰。

【陳校】

　　注「史黠」。「黠」，「黯」誤。

【疏證】

　　奎本以下諸六臣合注本、尤本悉作「黯」。謹案：事見《國語·晉語》，正作「黯」。《通志·蔡墨傳》作「墨」，蓋「蔡墨者，名黯」也。本書袁彥伯《三國名臣序贊》「入能獻替」注、潘安仁《夏侯常侍誄》「獻替盡規」注、王仲寶《褚淵碑文》「盡規獻替」注引並作「黯」。毛本獨因形近而誤，陳校當從《國語》、本書內證、尤本等正之。

公以密戚上賢　注：《越絕書》曰：吳王書闔廬始得子胥，以為上賢。

【陳校】

　　注「吳王書」。「書」字衍。

【集說】

　　胡氏《考異》曰：注「吳王書闔廬」。陳曰云云。是也，各本皆衍。

梁氏《旁證》曰：陳校去「書」字。

【疏證】

　　奎本、尤本、建本同。明州本、贛本作「名」。謹案：語見《越絕書·外傳紀策考》，正作「吳王闔廬」，無「書」字。諸作「書」、作「名」者，皆衍。毛本當誤從尤、建二本，陳校當從《越絕書》、上下文義等正之。

劍璽增華　注：《漢書儀》曰：侍中，殿上稱制，出則陪乘，佩璽把劍。增華，謂目庶子而益其榮華也。

【陳校】

　　按：此謂緢作侍中，掌禁內服御諸物，因官得其〔人〕，故劍璽之屬，亦為增華也。注誤。又，《漢書》下衍「儀」字。「目庶子」。「目」，「自」誤。

【集說】

　　余氏《音義》曰：「《漢書儀》」。「書」，何改「舊」。
　　顧按：此是《漢官儀》。
　　梁氏《旁證》曰：注「應劭《漢官儀》曰」。毛本「官」誤作「書」。

【疏證】

　　奎本以下諸六臣合注本、尤本悉作「應劭《漢官儀》」、「自」。謹案：本書沈休文《恩倖傳論》「而侍中身奉奏事」注：「應劭《漢官儀》曰：侍中出則佩璽抱劍。」顧按雖未言所據，然以上諸《文選》本及本書內證，皆可為顧按作證。毛本固誤，陳去其「儀」字，則為「《漢書》」，亦非。然陳校去「儀」，可能是去「書」之誤錄。此注內容，與《後漢書·百官志三》「侍中比二千石」注引蔡質《漢儀》曰：「侍中……切問近對，喻旨公卿。上殿稱制，參乘佩璽秉劍」云云雷同。《北堂書鈔》卷五十八「切問近對」注引亦同。此外，《初學記》卷十二「抱劍伏茵」注：「《漢官》曰：侍中。殿下稱制，出則參乘佩璽抱劍」云云，《太平御覽》卷二百一十九引同。作「應劭《漢官儀》」者，則惟見於《文選》一家，故毛本所宗或改從他本，並非沒有可能。考《隋書·經籍志二》有「應劭撰《漢官儀》十卷」外，別有應劭注「《漢官》五卷」，《初學記》、《御覽》之「《漢官》」當即應注「《漢官》」（如《新唐書·藝文志》作「應劭《漢官》五卷」）。復考《隋志》同卷又有「《漢官典職儀式選用》二卷」注云：「漢衛尉蔡質撰。亡。」似可以推測：蔡氏《漢儀》，即「《漢官典職儀式選

用》之簡稱，「選用」，義同「選輯」，所選輯者，當也包括應著及其注在，故其內容亦多與《漢官儀》小異而大同也。何改作「舊」，或有鑒於「衛宏《漢舊儀》，《舊唐志》作《漢書儀》」之故。然文獻載衛氏《漢舊儀》未見有涉本條內容者，故何校亦無根據。參上潘安仁《金谷集作詩》「王生和鼎實」條。關於「自」字。五臣良注作「自」，或此可佐證善作「自」。然竊疑：「目」係「㠯」之譌，「以」也。《玉篇·巳部》：「㠯，今作以。」《正字通·己部》「㠯，以本字。」作「㠯」，義長於「自」。毛本或傳刻而誤，陳校當從贛、尤二本等正之。

熊豹（吟）〔臨〕戩　注：《左氏傳》曰：高辛氏有才子八人仲能、叔豹。

【陳校】

注「仲能」。「能」，「熊」誤。

【疏證】

奎本以下諸六臣合注本、尤本作「熊」。謹案：事見《春秋左傳注疏·文公十八年》，正作「熊」，《太平御覽》卷六百三十、《冊府元龜》卷七十五、《海錄碎事》卷七上引、《後漢書·傅燮傳》「先除四凶」章懷注、《北堂書鈔》卷五十九「八元八愷」注《初學記》卷十七「宣慈惠和」注引並同。本書張平子《思玄賦》「幸二八之遒虞兮」注、任彥昇《為范尚書讓吏部封侯第一表》「位裁元凱」注、劉孝標《辯命論》「故重華立而元凱升」注引亦作「熊」。《說文·能部》：「能，熊屬，足似鹿。」徐灝注箋曰：「能，古熊字……叚借為賢能之能。後為借義所專，遂以火光之熊為獸名之能。久而昧其本義矣。」《春秋左傳注疏·昭公七年》：「今夢黃能入於寢門」釋文：「案：《說文》及《字林》皆云：『能，熊屬。足似鹿。』然則，能既熊屬……今本作能者，勝也。」此當素來癖古之毛本所出，陳校亦不得動輒謂毛本誤也。周鈔「吟」，「臨」誤。已正之。

姑蘇奧壤，任切關河　注：奧壤，猶奧區也。韓康伯《王述碑》曰：述遷會稽太守。淮海維揚，皇基所託。此蓋關河之重，泱泱大邦。

【陳校】

按：此言委寄之重，猶昔寇之關中、河內也。南朝以吳郡，會稽為股肱大郡，故恒有關、河之比。合此注《王述碑》及後《竟陵行狀》，觀之自見。

【疏證】

奎本以下諸六臣本、尤本悉同。謹案：本條陳校補充「關河」之義。亦不可闕者。

全趙之袨服叢臺　注：鄒陽《上書》曰：武力鼎上，袨服叢臺之下者。

【陳校】

注「鼎上」。「上」，「士」誤。

【疏證】

奎本以下諸六臣合注本、尤本悉作「士」。謹案：鄒《上書吳王》載在本書，亦作「士」，《藝文類聚》卷二十四引、本書張平子《東京賦》「趙建叢臺於後」注引並同。《漢書・鄒陽傳》作「士」，顏注：「鼎士，舉鼎之士也。」《冊府元龜》卷七百十二作「士」，同《漢書》。毛本獨因形近而誤，陳校當從《漢書》、本書內證、尤本等正之。

乃鴻騫舊吳　注：吳質《魏都賦》曰：我太公鴻飛兗豫。

【陳校】

「騫」，「騫」誤。又注「太公」。「公」，「祖」誤。

【集說】

胡氏《考異》曰：注「我太公鴻飛兗豫」。何校「公」改「祖」，陳同。是也，各本皆誤。

梁氏《旁證》曰：何校「公」改「祖」，陳同。各本皆誤。

許氏《筆記》曰：何改「騫」。嘉德案：《說文》：「騫，飛皃也。」各本作「騫」，誤。

「公」當作「祖」。何校改「祖」，陳同。是也，各本皆誤。

【疏證】

諸《文選》本悉作「騫」。奎本、明州本、贛本、尤本、建本注悉作「公」，贛本獨作「祖」。謹案：《藝文類聚》卷四十五亦從「馬」。「騫」與「騫」，實通。參上《車駕幸京口侍遊蒜山作》「人靈騫都野」條。毛本正文從尤本等不誤，陳校未免拘泥。注「太公」字，善引吳質賦《魏都》，論創業主，即便其《集》初作「太公」，久後亦當用**魏武廟號**。是毛本誤從尤、建二本，陳、何

當從贛本、史志等正之。

鄧攸之緝熙萌庶　注：《毛詩》曰：緝熙，文王之典。

【陳校】

注「緝熙」上，脫「維清」二字。

【疏證】

奎本以下諸六臣合注本、尤本脫同。謹案：語見《毛詩》，見《周頌·維清》，正有「維清」二字。本書班孟堅《東都賦》「揚緝熙」注、張景陽《七命》「帝載緝熙」注、曹子建《求通親親表》「宣緝熙章明之德者」注、任彥昇《王文憲集序》「緝熙帝圖」注、班孟堅《封燕然山銘》「惟清緝熙」注、王仲寶《褚淵碑文》「緝熙王旅」注引並有此二字。毛本當誤從尤、建二本等脫，陳校當從《毛詩》、本書內證等正之。

南接衡巫　注：衡、巫，三江名。

【陳校】

劉良曰：「衡、巫，二山名。」此注是。

【集說】

余氏《音義》曰：「衡巫」。良曰：「二山名。」

孫氏《補正》曰：按劉良注云：「衡、巫，二山名。」當改從之。

張氏《膠言》曰：注「衡、巫，三江名。」按：似當依五臣良注「二山名」為是。

梁氏《旁證》曰：此有誤。良注：「衡、巫，二山名。」是也。

姚氏《筆記》曰：何云：「劉良注：衡、巫，二山名。」

許氏《筆記》曰：何改：「二山名。」嘉德案：五臣良注云：「衡、巫，二山名。」張（膠言）曰：「衡、巫，似當從良注二山為是。」案：李注「三江」二字，當是傳寫之誤。未必與五臣有異。

【疏證】

奎本、明州本、尤本、建本誤同。贛本獨作「二山名」。謹案：五臣作「二山名」，良注可證。本書顏延年《始安郡還都與張湘州登巴陵城樓作》「衡巫奠南服」注：「衡、巫，二山名。」是善注亦作「二山名」，嘉德謂「當是傳寫

之誤。未必與五臣有異」，說是。毛本當誤從尤、建二本等，陳、何校當從贛本、本書內證等正之。嘉德云：李注「傳寫之誤」，似是。此亦陳校是而前胡《考異》漏錄、漏校者。

西通酈鄧 注：《左氏傳》曰：鄧南酈人。杜預曰：酈，今鄧鄉縣南，江水之北也。

【陳校】

注「酈」上脫「鄙」字。

【集說】

胡氏《考異》曰：注「鄧南酈人。」陳云：「南下，脫鄙字。」是也，各本皆脫。

梁氏《旁證》曰：陳校「南」下添「鄙」字。各本皆脫。

姚氏《筆記》曰：注「《左氏傳》曰：鄧南酈人。」「南」下脫「鄙」字。按：酈、鄧並在襄陽東北。當時緬為雍州刺史，何以云「西通酈鄧」？豈不駐襄陽耶？然云「水陸之途三七」，似與今里至有殊。

朱氏《集釋》曰：注引「《左氏傳》：鄧南酈人。」案：此所引為《桓·九年傳》。胡氏《考異》但謂「鄧南下脫鄙字」，而杜注本作「酈」。在今鄧縣南，沔水之北。此注亦誤，江水固不應經鄧縣也。

【疏證】

明州本、贛本、尤本、建本脫。奎本作「酈令」。謹案：語見《春秋左傳注疏·桓公九年》，「酈」上正有「鄙」字，《冊府元龜》卷二百四十八引同。毛本誤從尤、建二本，陳校當從《左傳》正之。奎本亦誤。朱正前胡亦是。

功最萬里 注：《漢書》曰：倪寬為郡內史。

【陳校】

注「郡內史」。「郡」，「左」誤。

【集說】

胡氏《考異》曰：注「倪寬為郡內史。」何校「郡」改「左」，陳同。是也，各本皆誤。

梁氏《旁證》曰：何校「郡」改「左」，陳同。各本皆誤。

許氏《筆記》曰：嘉德案：注「為郡」二字，當作「遷左」二字。何校「郡」亦改「左」，陳校同。

【疏證】

奎本以下諸六臣合注本、尤本悉同。謹案：《漢書》見《兒寬傳》，云：「遷左內史。寬既治民，勸農業，緩刑罰」云云，《太平御覽》卷六百二十六、《冊府元龜》卷六百八十引同，《北堂書鈔》卷三十四「卑體下士」注引亦同。此嘉德說所從，最切。毛本當誤從尤、建二本，陳、何校蓋據《漢書》、尤本等改正。

東渚鉅海，南望秦稽　注：《史記》曰：始皇登之不望南海。

【陳校】

注「登之不」。「不」，「罘」誤。

【集說】

顧按：「不」，即「罘」字。

【疏證】

奎本、明州本、尤本、建本同。贛本作「罘」。謹案：語見《史記・秦始皇本紀》，正作「罘」。《漢書・武帝紀》有「登之罘，浮大海」語，本書司馬長卿《子虛賦》亦有「觀乎成山，射乎之罘」語。然「不」、「罘」音同（音浮）字通，《水經注・漸江水》引《史記》則作「以」，《太平御覽》卷四十七同，顧按是也。毛本當從尤本等不誤。陳校則從贛本，然不必改焉。

萑蒲攸在　注：《左氏傳》曰：聚人於萑蒲之澤。

【陳校】

「萑」，「萑」誤。又注「聚人」。「聚」，「取」誤。

【集說】

胡氏《考異》曰：注「聚人於萑蒲之澤。」陳云：「聚，取誤。」是也，各本皆誤。

梁氏《旁證》曰：陳校「聚」改「取」。各本皆誤。朱氏珔曰：「萑蒲，今《左傳》作萑苻。按《說文》『萑』字云：『薍也，從艸，隹聲。萑，鴟屬，從隹，從𦫅。』又『萑字，從艸隹聲，艸多皃。』三字形相近，遂致淆紊。

而萑葦字，俱誤為艸多兒之萑矣。此又作藿者，同音通用。與《韓非子・內儲說》引同。《詩・小弁》：『萑葦淠淠』，《韓詩外傳》卷七萑，亦作『藿』也。苻字，見《爾雅》：『莞苻蘺。』郭注：『西方人呼蒲為莞蒲，則苻乃蒲之類。』《左傳》釋文：『苻，音蒲。』然《說文》無苻字，則此文正當作蒲也。」

朱氏《集釋》曰：「藿蒲攸在」注引《左傳》「聚人於藿蒲之澤」。今《傳》「聚」作「取」、「藿蒲」作「萑苻」。案：「聚」為「取」之誤。近陳氏校本據《傳》改，是也。《說文・草部》「萑」字云：「薍也」，從艸，萑聲。萑為部首，鴟屬。云：「從隹，從𠁫。有毛角，讀若和。」自注：段氏曰：當「若桓」。云「若和者」，合韻也。「萑葦」字以為聲，胡官切。又《草部》「萑」字，從艸隹聲，艸多兒。今本《爾雅》以「萑」為「蓷」，郭注：「茺蔚也。」自注：今本《說文》亦云：「蓷，萑也。」段本改萑為隹。從《詩》「中谷有蓷」毛《傳》：蓷鵻也。鵻，蓋與隹同。藿、萑、萑三字篆形本相似，自隸變俗省，遂致淆紊無別，萑」、「萑」俱誤為「草多兒」之「萑」矣。此又作「藿」者，《說文》：「藿，小爵也。從萑吅聲。」引《詩》「藿鳴于垤。」《爾雅》：「藿，芄蘭。」《說文》「藿」作「莞」。藿，當從艸，與小爵之萑從𠁫者異，然皆非「萑」也。惟《爾雅》：「葭、蘆、菼、薍其萌藿」郭注：「萑葦之類，其初生者皆名藿。」藿省，則為萑矣。但古字音同者往往通用，故《韓非子・內儲說》引《左傳》「此事萑」，亦作「藿」。《唐石經》初刻作「萑蒲」，後改作「藿苻」。《詩・小弁》：「萑葦淠淠」，《韓詩外傳》「萑」亦作「藿」也。「苻」字，《爾雅》三見。一，苻鬼目、一，篇苻止，皆與此無涉。其一為「莞苻蘺」，《說文》作「䔓夫蘺」也。《爾雅》郭注：「西方人呼蒲為莞蒲」，則苻乃蒲之類。《左傳》釋文：「苻，音蒲」，然《說文》無之。是此二字正當作「萑蒲」。鄭之澤多萑與蒲，故名。與同在《昭二十年傳》晏子對齊侯語「澤之萑蒲，舟鮫守之」為一例。

胡氏《箋證》曰：注善曰：「《左氏傳》曰：聚人於萑蒲之澤。」今《左傳》「聚」作「取」。杜注「於澤中劫人」。按：《左傳》多古文，杜本作「取」，「取」即「聚」字。善引作「聚」，蓋服氏本也。古「聚」多假作「取」，《易・萃》「聚以正」，荀本作「取」。《漢書・五行志》集注：「取，讀曰聚。」皆其證。陳本校「聚」改「取」，誤也。王氏引之《經義述聞》云：「取，讀為聚，人即盜也。謂群盜聚於澤。《韓子・內儲篇》：鄭少年相率為盜，處於萑澤，即謂此也」。

許氏《筆記》曰:「萑蒲」注「聚人於萑蒲之澤」。今《左傳》作「取人於萑苻之澤」。案:「聚人」極有義,或傳寫脫去「乑」字而為「取」耳。自注:《五行志》「內取茲謂禽」師古曰:「取,如《禮記》聚麀之聚。」又曰:「取不達茲謂不知」師古曰:「取,讀曰聚。」《說文》:「萑,薍也,從艸,隹聲。胡官切」;「萑,艸多兒。從艸隹聲,職追切」;「隹,鴟屬,從隹,從宀。胡官切」。「雈,小爵也。從萑吅聲。《詩》曰:雈鳴于垤。工奐切。」此當作「萑」,與萑、隹、雈三字皆不同。嘉德案:注引「《左氏傳》:聚人於萑蒲之澤。」陳云:「聚,取誤。」陳蓋依今本《左傳》校也。而各本《選》注所引作「聚」不作「取」,知李見《左傳》作「聚」也。「聚」字義尤勝。李引諸經每與今本不同,蓋古今本之殊耳。古亦讀「取」為「聚」,則知作「取」者義亦取乎「聚」。又《說文》從艸之萑、從宀之「隹」,以及萑、雈四字,各有本義。「萑葦」字從艸,以萑為聲,與鴟屬之「隹」、「草多兒」之「萑」、「雈爵」之「雈」,絕不相同,今多互用,而「萑」字罕見矣。《五經文字》云:「萑,胡官反,從(艸)〔卝〕下隹。今經典相承隸省艸作萑。」段曰:「今人多作萑者,蓋其始假鴟屬之萑為之,後又誤為草多兒之萑。」又,大、小徐《說文》本「蒹」下曰:「萑之未秀者。」「薍」下曰:「萑之初生。」兩「萑」字,段本並作「萑」字,是也。又,《左傳》:「取人於萑蒲之澤」,阮文達《校勘記》云:「《石經》初刻作萑蒲,後改作萑苻。惠棟云:《韓非子‧內儲說》引此事作萑。《詩小弁》曰:萑葦淠淠。《韓詩》作萑。自注:《外傳》古字通也」。

【疏證】

諸《文選》本咸作「萑」。除贛本作「取」,其餘奎本以下諸六臣合注本、尤本作「聚」。謹案:說「萑」、「萑」字,諸家以朱珔說最賅備通達,其謂「萑」與「萑」通,實當從之。所引《小弁》詩,見《毛詩注疏‧小雅》;《韓詩外傳》語,見卷七。《左傳》釋文,見《春秋左傳注疏‧昭公二十年》「鄭國多盜,取人於萑苻之澤」音義。毛本當從尤、建二本等,不誤,陳不必改「萑」。五臣作「萑」,良注可證。亦不誤。古「聚」多假作「取」,則當從後胡。毛本從尤、建二本爾。陳校當從贛本、今本《左傳》,未免拘泥。又,嘉德引段注言「萑」隸省艸作「萑」。今人多誤作作「草多兒」之「萑」,釐清譌誤之源流,諸家未及,實必不可少。又引阮氏《校勘記》云云。其實,發現《唐石經》前後刻之異同者,亦惠棟耳,見彼《春秋左傳補註》卷五。

南山羣盜 注:《漢書》曰:王遵為高陵令。會南山羣盜……為吏民害。王鳳薦遵。

【陳校】

　　注兩「王遵」並「尊」誤。

【疏證】

　　奎本以下諸六臣合注本、尤本悉同。謹案:事見《漢書·王尊傳》,二處固為「尊」字,《通志·王尊傳》同。奎本等或因音近而誤耳,毛本誤從尤、建二本,陳校當從《漢書》等正之。本條可證陳氏之校得力於爛熟《漢書》。

不待赭汙之權 注:《漢書》曰:張敞守京兆尹,召見諸偷酋長數人……敞皆以為吏遺歸假。

【陳校】

　　注「遺歸」,「遺」,「遣」誤。

【疏證】

　　奎本以下諸六臣合注本、尤本悉作「遣」。謹案:《漢書》見《張敞傳》,正作「遣」,《通志·張敞傳》同。《冊府元龜》卷六百九十五、《記纂淵海》卷六十一亦同。毛本獨因形近而譌,陳校當從《漢書》、尤本等正之。

無假里端之籍 注:《歌錄》曰:《雁門太守行》曰:移惡子姓,偏著里端。

【陳校】

　　注「《歌錄》曰」。「曰」字衍。

【集說】

　　胡氏《考異》曰:注「《歌錄》曰:《雁門太守行》曰」。陳曰云云。是也,茶陵本與此同,袁併入五臣,無可借證。

　　梁氏《旁證》曰:陳校去上「曰」字。

【疏證】

　　贛本、尤本、建本衍上「曰」字。奎本、明州本省作「善注同」,五臣銑注無上「曰」字。謹案:「移惡子姓」語見《宋書·樂志三》,又載在《樂府詩

集‧相和歌辭‧雁門太守行》篇。本書陸士衡《吳趨行》「楚妃且勿歎」注：「《歌錄》曰：石崇《楚妃歎》曰：歌辭《楚妃歎》，莫知其所由。」誤同。依善注「書名」下用「曰」字例，「《歌錄》」下，固不得用「曰」字。本書潘安仁《笙賦》「若羣鶵之從母也」注「《歌錄‧步出夏門行古辭歌》曰：『鳳凰鳴啾唧，一母從九雛』」是其證。魏文帝《善哉行》題下注：「《歌錄》曰：『《善哉行》，古詞也。』《古出夏門行》曰：『善哉殊復善。』」「《歌錄》」下有「曰」字，則可，蓋下非直接「《古出夏門行》曰」云云，已有「《善哉行》，古詞也」過渡句也。毛本當誤從尤、建二本等，陳校當依善例去之。本條可窺陳校於善注潛規則，並非渾無知覺者焉。

南陽葦杖　注：范曄《後漢書》曰：吏民有過，但用罰之。

【陳校】

　　注「但用」下，脫「蒲鞭」二字。

【集說】

　　余氏《音義》曰：「但用」。「用」下，何增「蒲鞭」二字。

　　姚氏《筆記》同陳校。

　　許氏《筆記》曰：「用」下，何加「蒲鞭」二字。嘉德案：六臣、茶陵本善注有「蒲鞭」二字，此脫也。

【疏證】

　　奎本以下諸六臣合注本、尤本咸有「蒲鞭」二字。謹案：事見《後漢書‧劉寬傳》，正有「蒲鞭」二字，《太平御覽》卷四百一十九、卷六百四十九引、《北堂書鈔》卷七十四「蒲鞭示恥」注引同。《東觀漢記‧劉寬傳》引亦同，《藝文類聚》卷八十二同《東觀漢記》。此毛本傳寫獨脫，陳、何校當從《後漢書》尤本等補之。

牧州典郡　注：蔡邕《橋玄碑》曰：改一州，典五郡也。

【陳校】

　　注「（攺）〔改〕一州。」「（攺）〔改〕」，「牧」誤。

【疏證】

　　奎本以下諸六臣合注本、尤本悉作「牧」。謹案：語見《蔡中郎集‧太尉

橋公廟碑》，正作「牧」字。毛本獨因形近而誤，陳校當從《蔡集》、尤本等正之。周鈔「改」誤「攺」。已正之。

椎埋穿掘之黨　注：《史記》曰：攻剽椎埋掘冢，皆為日用耳。

【陳校】

　　注「皆為（曰）[日]用」。「（曰）[日]」，「財」誤。

【疏證】

　　奎本以下諸六臣合注本、尤本悉作「財」。謹案：語見《史記·貨殖列傳》，正作「財」，《古今事文類聚》別集卷二十九引同。毛本獨傳寫而誤，陳校當從《史記》、尤本等正之。周鈔「日」誤「曰」。已正之。

憿法海吏之人

【陳校】

　　「海」，「侮」誤。

【疏證】

　　諸《文選》本咸作「侮」。謹案：古人俗寫「亻」與「氵」旁多混，毛本因此形近傳寫而誤。陳校當從尤本等正之。

戎羯窺窬　注：朱鳳《晉書》曰：前後徙河北諸郡縣，居山間，謂之羯明。

【陳校】

　　注「羯明」。「明」，「胡」誤。

【疏證】

　　奎本以下諸六臣合注本、尤本悉作「胡」。謹案：《魏書·羯胡石勒傳》：「羯胡石勒……其先匈奴別部。分散居於上黨武鄉羯室，因號羯胡。」毛本手民獨因形近而誤，陳校當據史志、尤本等正之。

卷甲遄征　注：曹植《詩》曰：指日遄征。

【陳校】

　　注「遄征」。「遄」，「遄」誤。

【疏證】

奎本以下諸六臣合注本、尤本悉作「遄」。謹案：《魏志‧陳思王植傳》作「遄」，《通志‧陳思王植傳》同。曹《應詔》詩載在本書，正作「遄」字，本書潘安仁《關中詩》「指日遄逝」注引同。但觀正文，亦可證注當為「遄」誤。毛本獨因形近而誤，陳校當從本書內證、曹《詩》、尤本等正之。

仁風載路　注：《續晉陽秋》曰：謝安賞袁宏……宏為東郡，安取一扇授之。

【陳校】

注「宏為東郡。」「東郡」，當作「東陽」。前袁彥伯《三國名臣序贊》題下注，辨之已詳。見樂史《太平寰宇記》中亦載彥伯「守東郡」，後人因於郡署建仁風樓，殆仍此注之譌也。

【集說】

胡氏《考異》曰：注「宏為東郡。」陳校「東」下添「陽」字，云：「《世說》注引《續晉陽秋》可證。東陽，今浙東金華也，若東郡在晉為濮陽之地，當彥陽時，已久陷北境，安得往蒞之？」案：所說最是。前《三國名臣序贊》題下注所引，亦有「陽」字，又其一證也。

梁氏《旁證》曰：陳云：「東下當有陽字。」

【疏證】

奎本以下諸六臣合注本、尤本誤同。謹案：毛本當誤從尤、建二本等。陳校，可參上《三國名臣序贊》作者「袁彥伯」條。梁氏則襲前胡也。本條亦可見轉述陳校，前胡與《舉正》小有出入：陳主之「東陽」，前胡迻錄為「東陽郡」，多一「郡」字。陳校本從善注，前胡當從《晉書‧袁宏傳》補益之，大可不必也。

失義犬羊　注：《漢書名臣奏》曰：太尉應劭等議，以為鮮卑隔在漢北，犬羊為群。

【陳校】

注「漢書」，「書」字衍。「漢北」。「漢」，「漠」誤。

【集說】

胡氏《考異》曰：注「《漢書名臣奏》曰。」陳曰云云。是也，各本皆衍。又曰：注「隔在漢北」。何校「漢」改「漠」，陳同。是也，各本皆譌。

梁氏《旁證》曰：陳校去「書」字，各本皆衍。又曰：何校「漢」改「漠」。陳同。各本皆誤。

【疏證】

奎本以下諸六臣合注本、尤本悉衍「書」、誤「漢」。謹案：《後漢書‧應劭傳》作「漠」。《藝文類聚》卷六十五、《太平御覽》卷八百二十七正作「《漢名臣奏》」、作「漠」，本書潘安仁《馬汧督誄》「蠢蠢犬羊」注引並同。而劉越石《勸進表》「敢肆犬羊」注作「《漢名臣奏》」同、「漠」亦誤作「漢北」。黃氏《補注杜詩‧寄董卿嘉榮十韻》「犬羊曾爛熳」注引亦作「漠」。奎本等皆因涉上「漢」字而衍「書」字；下復因「漢」、「漠」形近而譌。毛本當誤從尤、建二本等，陳、何校當依《後漢書》、本書內證等刪之、正之。今檢《隋書‧經籍志二》載「《漢名臣奏事》三十卷」，下並有「《魏名臣奏事》四十卷」注云：「（日）〔目〕一卷。陳壽撰。」至《唐書》二《志》，於二書，不但卷數錯亂，書名混淆，其於書名「奏」下「事」字，或有或無，似是書名稱可繁可簡。結合本書內證、上引類書，可推：李善所引書名，亦用簡稱也。

盡任棠置水之情，弘郭伋待期之信　注：《東觀漢記》曰：龐參……思其微意良久曰：……抱兒富戶，欲吾開門恤孤也。司馬彪《續漢書》：郭伋拜並州牧……到美稷，數百小兒，各騎竹馬逢迎。伋問曰：兒曹何自遠來？……諸童小兒復送至郭門外，問使君何日當還？伋謂別駕人將苦之。行部還入美稷，先期一日。伋念負諸兒，即止野亭。須期乃往。

【陳校】

「盡任棠置水之情」二句注。「富戶」。「富」，「當」誤。「伋門曰」。「門」，「問」誤。「鬼曹」。「鬼」，「兒」誤。「人將苦之」，當作「計日告之」。「一亭」。「一」，「野」誤。

【集說】

余氏《音義》曰：「兒富」。「富」，何改「當」。

【疏證】

奎本諸六臣合注本、尤本作「當」;「問」、「兒」、「計日告之」、「野」。謹案:「龐參」事,見《東觀漢記・龐參傳》,字正作「當」,《後漢書・龐參傳》同。「郭伋」事,見《東觀漢記・郭伋傳》,正作「問」、「兒」、「計日告之」、「野」,《太平御覽》卷二百五十六、《冊府元龜》卷六百八十並同;亦見《後漢書・郭伋傳》,除「計日」下多一「當」字,餘悉同《文選》、《東觀漢記》。毛本獨因形近或傳寫而譌,陳、何校當據《東觀漢記》、《後漢書》尤本等正之。

金如粟而弗覩　注:范曄《後漢書》曰:先零酋長久遺金鐻八枚。

【陳校】

注「久遺」。「久」,「又」誤。

【集說】

余氏《音義》曰:「久遺」。六臣「久」作「又」。

【疏證】

奎本、贛本、尤本、建本作「又」。明州本省作「善同濟注」,而濟注未及。謹案:事見《後漢書・張奐傳》,正作「又」字,《冊府元龜》卷四百六同,《北堂書鈔》卷三十八「使金如粟不以入懷」注、卷六十三「正身潔已」注、《古今合璧事類備要》續集卷十一「馬金不入」注引亦同。毛本獨因傳寫而誤,陳校當從《後漢書》、尤本等正之。

望德如歸　注:《左氏傳》曰:衛遷形于夷儀。

【陳校】

注「遷形」。「形」,「邢」誤。

【疏證】

奎本以下諸六臣合注本、尤本悉作「邢」。謹案:事見《春秋左傳注疏・閔公二年》,正作「邢」,《北堂書鈔》卷二十二「遷邢於夷儀」,作「邢」同。《呂氏春秋・簡選》「桓公更立邢于夷儀」,亦可為借證。《說文・邑部》:「周公子所封。地近河內、懷。」毛本獨因形近而誤,陳校當從尤本等正之。

疆民獷俗 注：《韓詩》曰：獷彼淮夷。薛君曰：獷，覺寤之貌。劉驗騄《與李子堅書》曰：吏民彊獷，比屋為賊。獷，古猛切。

【陳校】

　　注「覺寤之貌。」按：「覺寤」上，疑有脫誤。《說文》云：「獷，犬不可親附也。」與薛訓相反。又「劉驗」。「驗」，「駒」誤。

　　又曰：「詩」下當有「章句」二字，見任彥昇《勸進牋》注。「又曰」下，據胡氏《考異》補。

【集說】

　　顧按：《韓詩》「獷」字，《說文》作「廞」。見陸氏《釋文》。

　　顧氏評校《汪氏文選理學權輿八卷孫氏補一卷》曰：「劉駒騄《與李子堅書》。」今考定「駒騄」，當作「陶。陶」為順陽令時書也。」王氏《蛾術軒篋存善本書錄・甲辰稿》卷四，1403 頁。

　　胡氏《考異》曰：注「《韓詩》曰」。陳云：「詩下，當有『章句『二字，見任彥昇《勸進牋》注。」是也，各本皆脫。

　　梁氏《旁證》曰：陳校作「《韓詩章句》曰」。見任彥昇《勸進牋》注」。

　　胡氏《箋證》曰：注善曰：「《韓詩》曰」云云。按：注引劉《書》是也。《韓詩》作「獷」，《毛詩》作「憬」。薛君曰：「獷，覺寤之貌」，《說文》「憬，覺寤也」，是「獷」即「憬」之同音假借字，與此不合。《說文》「獷，犬獷獷不可親附」，《漢書・祭肜傳》「政移獷俗」，皆其義。

【疏證】

　　奎本、明州本、尤本、建本作「覺寤」、「駒」。惟贛本偶誤「駒」。謹案：《說文通訓定聲・壯部》曰：「獷，犬獷獷不可附也。《韓詩・泮水》『獷彼淮夷。』《齊、魯詩》作『廞』，《毛詩》作『憬』。按：《韓》為正字也。《後漢・光武紀》注：『獷，猛貌。』叚借為憬，《韓詩・泮水章句》：『獷，覺寤之貌。』」《定聲》同部又曰：「廞：閣也。一曰廣也、大也。一曰寬也」；「廞，叚借為獷。《詩・泮水》釋文引《說文》作「廞彼淮夷。」據此，「獷」為正字，「廞」、「憬」皆叚字。後二字不僅義同，音亦同。《毛詩注疏・魯頌・泮水》：「憬彼淮夷」釋文云：「憬，九永反，沈又孔永反。《說文》作『廞，音獷。』」是音同之證。善注引《韓詩》，未可議，然下引薛《章句》，取「覺悟」一說欠當，故陳校舉《說文》本義以疑之。顧按「《韓詩》獷字，《說文》作廞」，點而不

破，尚不及朱氏叚借說。今觀本句「獷」與「疆」對，下文為「反志遷情」，則以「覺悟」以釋，不免周折。按上《定聲》所引《後漢書・光武紀》注，見「又驅諸猛獸虎豹犀象之屬，以助威武」之「猛」字下，注云：「或作獷。獷，猛貌也。」竊以為善注引《韓詩》下，可直接引此為解。蓋以「猛（猛者，悍也）」釋「獷」，既切上「疆」字、合下文，且不悖《說文》「不可親附」本義，亦不影響既引《韓詩》作為出處之作用也。顧按，蓋出清・陳啟源《毛詩稽古編・釋文疑誤》：「憬彼淮夷。云：『憬，《說文》作懬，音擴。……今《說文》引此《詩》云：覺悟也。」「劉駒騄」，東漢臨邑侯劉復子，為郎，入《東觀》，撰定《漢記》。事見《後漢書・北海靖王興傳》。本書范蔚宗《宦者傳論》「寇劇緣間」注引《與李書》，亦作「駒」。顧批，未知何據（復疑下「陶」字，當屬下）。毛本傳寫偶誤，陳校當從《後漢書》、本書內證、尤本等正之。又，注兼引《韓詩》經傳（訓詁），其典型體式是先「《韓詩》曰」、後「薛君《章句》曰」，然通例可去「章句」字，省作「韓詩曰」、「薛君曰」。此在本書並非孤證，即如：《兩都賦》「幽林穹谷」注：「《韓詩》曰：『皎皎白駒，在彼空谷。』薛君曰：『穹谷，深谷也』」；「厲天鳥羣」注：「《韓詩》曰：『翰飛厲天』薛君曰：『厲，附也。』」並是明驗。毛本從尤本等非誤，陳校、前胡說皆泥也。本條係周《鈔》迻錄有脫文，據前胡《考異》補入。

風塵不起　注：《東觀漢記》曰：蔡肜為遼東太守。

【陳校】

　　注「蔡肜」。「蔡」，「祭」誤。下同。

【集說】

　　胡氏《考異》曰：注「蔡肜為遼東太守。」茶陵本「蔡」作「祭」，是也。袁本亦誤「蔡」，下同。

　　梁氏《旁證》曰：六臣本「蔡」作「祭」，是也。按下注「鮮卑寇遼東，蔡肜擊之」，亦當作「祭」。

【疏證】

　　奎本以下諸六臣合注本、尤本誤同。謹案：事見《東觀漢記・祭肜傳》，本為「祭」字，《太平御覽》卷二百六十、卷三百四十七、卷六百九十四，《冊府元龜》卷三百九十二、卷三百九十四、卷三百九十七，並三引《漢記》皆

同，本書陸士龍《大將軍讌會被命作詩》「函夏無塵」注引亦同。毛本當誤從尤、建二本等，陳校當從本書內證、《漢記》等正之。陳校「下同」，蓋謂下文「北狄懼威」二句，注引范曄《後漢書》曰：「鮮卑寇遼東，蔡彤擊之。虜大破，不敢復闚塞」云云。《旁證》已及之。本條亦前胡假言茶陵本，以隱陳校是正之功例。茶陵本是正建本例，不多見。

偵諜不敢東窺　注：偵，同也。

【陳校】

注「同也」。「同」，「伺」誤。

【疏證】

奎本以下諸六臣合注本、尤本悉作「伺」。謹案：《左傳·桓十二年》：「使伯嘉諜之」杜注：「諜，伺也。」《後漢書·任延傳》「延遂止罷偵候戍卒」章懷注：「偵，伺也。」又，《清河孝王傳》「內使御者，偵伺得失」章懷注：「偵，候也。」是偵、諜並有伺、候義。毛本傳寫獨因形近而誤，陳校當從尤本等正之。

耕夫釋耒　注：曹植《荀侯諫》曰。

【陳校】

注「《荀侯諫》」。「諫」，「誄」誤。

【疏證】

奎本以下諸六臣合注本、尤本悉作「誄」。謹案：《藝文類聚》卷四十九作「曹植《光祿大夫荀侯誄》」，嘉定本《曹子建集》同。毛本獨因形近而誤，陳校當從曹《集》、類書、尤本等正之。

藩司仰而弗許

【陳校】

「仰」，「抑」誤。

【疏證】

諸《文選》本咸作「抑」。謹案：毛本獨因形近及涉下文而誤，陳校當從上下文義、尤本等正之。

仰蒼天而自訴　注：《韓詩》曰：萬人顒顒，仰天告訴。

【陳校】

注「《韓詩》」，當作「薛君《韓詩章句》」。見任彥昇《勸進牋》注。

【集說】

胡氏《考異》曰：注「《韓詩》曰。」陳云：「詩下當有『章句』二字。見任彥昇《勸進牋》注。」是也，各本皆脫。

梁氏《旁證》曰：陳校作：「《韓詩章句》曰。見任彥昇《勸進牋》注。」

【疏證】

奎本以下諸六臣合注本、尤本同。謹案：本書任彥昇《百辟勸進今上牋》「搢紳顒顒」注，誠作「薛君《韓詩章句》曰：萬人顒顒，仰天告愬」云。《詩攷·韓詩》：「萬人顒顒，仰天告愬」自注：「《薛君章句》。《文選》注。」是李善、王應麟並以八字為訓詁。依善注援《韓詩》經傳例：若依「萬人」八字為詩、為經，則固當作「韓詩」；若以八字為傳、為訓詁，則李善單引薛《傳》有二體：全稱「薛君《韓詩章句》」，省稱則作「《韓詩》曰。」要在並為訓詁，有傳無《詩》爾。然則，無論以八字作經，還是作傳，本條毛本從尤本等不誤。上引任《牋》用全稱，亦得。惟有兼用《韓詩》經傳，始可省作「《韓詩章句》」爾。陳校、前胡、梁三家於善注此例，皆未深究焉。參上顏延年《三月三日曲水詩序》「題下注」條、上「疆民獷俗」條。

天倫之愛　注：《穀梁傳》曰：兄弟，天倫也。何休曰：兄弟先後，天之倫次也。

【陳校】

注「兄弟先後」。「弟先」二字當乙。

【集說】

胡氏《考異》曰：注「兄弟先後。」袁本、茶陵本「兄弟」作「弟兄」。何校「弟先」改「先弟」。陳曰云云。案：《齊竟陵文宣王行狀》引正作「兄先弟後」。

梁氏《旁證》曰：何校作「兄先弟後。」陳同。

【疏證】

尤本同。奎本以下諸六臣合注本悉作「弟兄先後」。謹案：語見《春秋穀

梁注疏・隱公元年》何休注，正作「兄先弟後」。本書劉孝標《重答劉秣陵沼書》「值余有天倫之感」注引何休注正作「（凡）[兄] 先弟後」。《文章正宗》卷十三「兄弟天倫也」注引亦同。今據正文、善注引《穀梁》經傳上下文義，知三家所強調者，正在倫次也，即由此可決陳、何校是也。毛本乃誤從尤本，諸六臣合注本，亦非也。

望曲阜而含悲　注：《尚書》曰：魯侯伯禽宅曲阜。

【陳校】

注「《尚書》」下，脫「序」字。

【集說】

胡氏《考異》曰：注「《尚書》曰：魯侯伯禽。」陳曰云云。是也，各本皆脫。

梁氏《旁證》曰：陳校云云。各本皆脫。

【疏證】

奎本以下諸六臣合注本、尤本悉脫。謹案：語見《尚書注疏・費誓序》。《初學記》卷二十四「少昊都窮桑」注引亦有「序」字。本書阮嗣宗《為鄭沖勸晉王牋》「光宅曲阜」注引亦脫「序」字。毛本當誤從尤、建二本等，陳校當從《尚書》等正之。

秋儲無以競巧　注：《孟子》曰：奕秋，通國之善奕者也。儲，謂儲蓄精思也。馬融曰《廣成頌》曰：儲積山藪，廣思河澤。

【陳校】

注「馬融」下，衍「曰」字。「儲積」。「積」，「精」誤。

【集說】

胡氏《考異》曰：注「儲積山藪。」陳云：「積，精誤。」是也，各本皆誤。

張氏《膠言》曰：「奕思之微，秋儲無以競巧。」《困學紀聞》云：「奕秋，見《孟子》，儲字未詳，蓋亦善奕之人。注『謂儲蓄精思』，非是。」雲璈按：下對「取睽之妙流睇，未足稱奇」，謂養由基也。以文義例之，似當依注「儲蓄」為解，未必是人名。

梁氏《旁證》曰：陳校「積」，改「精」。各本皆誤。

許氏《筆記》：嘉德案：張曰：「……以文義例之，似當依注『儲蓄』為解，未必是人名。」張說近是。

【疏證】

奎本以下諸六臣合注本、尤本「融」下，悉無「曰」字、誤「積」。謹案：馬《頌》，見《後漢書·馬融傳》，正作「精」，《通志·馬融傳》同。毛本當誤從尤、建二本等，陳校當從《後漢書》正之。「融」下「曰」字，毛本當涉下文而衍。陳校當據上下文義、尤本等刪之。本條善注關鍵實在正文「儲」字何解。依善注，自當作「儲蓄」，然若為人名，則糾正馬《頌》，亦失去意義。觀下聯「取睽之妙，流睞未足稱奇」，善注引《幽通賦》「養流睞而猿號，李虎發而石開」，兼引二人，則「秋儲」之「儲」，當為人名。祝氏《訂譌》以為「儲，即丹朱。」《御覽》引《博物志》：「堯造圍棋，丹朱善之。」劉孝標注《世說新語》引《博物志》則謂「堯造圍棋，以教丹朱。」並其證。《文選學論文集》頁201。《說文·人部》：「儲，從人，諸聲。」朱、儲音近，字或可通。祝說似是，張氏駁王應麟「儲」作人名解，非。《困學紀聞》，見《評文》篇。

千年之領袖 注：王隱《晉書》曰：（晉王）目送之，曰：魏舒堂堂，實曰人之領袖也。

【陳校】

注「實曰」。「曰」字有誤。

【集說】

梁氏《旁證》曰：「曰」，當是「百」字之誤。

【疏證】

奎本、明州本、尤本、建本同。贛本作「實斯」。謹案：《世說新語·賞譽》「魏舒以上」注引王隱《晉書》作「人之領袖」，上無「實曰」二字，今本《晉書·魏舒傳》、《太平御覽》卷二百四十九、《北堂書鈔》卷六十九「多出眾議」注引同。竊意：《文選》諸本有此二字，必有來由，其「曰」字，似係「乃」或「眾」之誤。蓋前者形近，後者則有《晉書·舒傳》上文「至于廢興大事，眾人莫能斷者，舒徐為籌之，多出眾議之表」云云，二見「眾」字，承上可據耳。贛本改「斯人」，未能明何人。《旁證》作「百人」，坐實無端，且

即就形跡，亦不及「乃」之愈近「曰」也。毛本作「曰」，當誤從尤、建二本等。

痛棠陰之不留　注：《鄧析子》曰：天不能令天折之人更生。《淮南子》曰：日……入于落裳。高誘曰：……落棠山，日所入也。

【陳校】

注「天折」。「天」，「夭」誤。「落裳」，「裳」，「棠」誤。

【疏證】

奎本以下諸六臣合注本、尤本悉作「夭」、「棠」。謹案：上事，見《鄧子·無厚篇》，今本作「天不能全夭折之人」，正作「夭」字。下事，見《淮南子·覽冥訓》，正作「棠」，注同。毛本上字，當涉上文、下字則因形近而譌耳，陳校當從《鄧子》、《淮南子》、尤本等正之。

敝之穹壤　注：曹植《露聲頌》曰：敝之天壤

【陳校】

注「露聲」。「聲」，「盤」誤。

【疏證】

奎本以下諸六臣合注本、尤本悉作「盤」。謹案：《藝文類聚》卷九十八云：「陳王曹植《露盤頌》曰：『明帝鑄承露盤……甘露仍降。使王為頌銘。』」《玉海》卷九十一亦作「《露盤頌》。」毛本獨形近而誤，陳校當從尤本等正之。

祚始玉筐　注：《鳥氏春秋》曰：有娀氏有二佚女。

【陳校】

注「鳥氏」。「鳥」，「呂」誤。

【疏證】

奎本以下諸六臣合注本、尤本悉作「呂」。謹案：語見《呂氏春秋·音初》。《藝文類聚》卷六十二、卷九十九、《太平御覽》卷九百二十二引並作「呂」。本書王文考《魯靈光殿賦》「層曲九成」注、屈平《離騷經》「見有娀之佚女」注引並作「呂」。毛本獨因形近而誤，陳校當從《呂氏春秋》、本書內證、尤本

等正之。

本枝派別　注：《毛詩》曰：文王子孫，本枝百世。

【陳校】

　　注「文王子孫」。下二字當乙。

【疏證】

　　奎本以下諸六臣合注本、尤本悉作「孫子」。謹案：語見《毛詩注疏‧大雅‧文王》，正作「孫子」，《漢書‧王子侯表》引、《古今事文類聚》前集卷二十二引《漢書》並同。本書王元長《三月三日曲水詩序》「本枝之盛如此」注引亦作「孫子」。毛本獨倒，陳校當從贛、尤二本、《毛詩》等正之。本書張平子《南都賦》「本枝百世」注倒同。

涉徐而東，義均梁徙　注：謂從蘭陵也。班固《高紀贊》劉向曰：戰國時，劉氏自秦獲於魏。秦滅魏，遷大梁，都豐，故周東上大人曰：豐，故梁徙也。

【陳校】

　　注「謂從」。「從」，「徙」誤。又「周東上大人」，當作「周市說雍齒」。

【疏證】

　　奎本以下諸六臣合注本、尤本悉作「徙」、「周市說雍齒」。謹案：上句，毛本作「從」，獨因形近而誤。陳校當從正文及注上下文義、尤本等正之。下句，語見《漢書‧高帝紀贊》，正作「周市說雍齒」，《西漢會要‧帝號》引同。毛本傳寫而誤，陳校當從《漢書》、尤本等正之。

懷青拖紫　注：《解朝》以夕音拖紫，朱月其轂。

【陳校】

　　「解朝以夕音」，當作「《解嘲》曰紆青」。又「朱月」。「月」，「丹」誤。

【疏證】

　　奎本以下諸六臣合注本、尤本悉作「《解嘲》曰紆青」、「丹」。謹案：揚子雲《解嘲》載在本書，正作「紆青拖紫，朱丹其轂」，《藝文類聚》卷二十五、《冊府元龜》卷七百六十九同。本書潘安仁《馬汧督誄》「紆青拖墨」注亦作

「《解嘲》曰紆青」、「丹」。毛本二處獨傳寫、或形近而誤，陳校當從本書內證、尤本等正之。

逶迤魏闕　注：夏侯稚《景福殿賦》曰。《呂氏春秋》：中山公子牟謂詹子曰：……心居乎魏闕之下。高誘曰：魏闕，魯魏之闕也。

【陳校】

　　注「夏侯稚」。「稚」下疑脫一「權」字。魏夏侯稚權以才學稱，見荀勗《文章敘錄》。又「心居平」。「平」，「乎」誤。又「魯魏」。「魯」，「象」誤。

【集說】

　　余氏《音義》曰：「夏侯稚」。「稚」，何（改）[下增]「權」。又曰：「居平」、「魯魏」。「平」，何改「乎」、「魯」，改「象」。

　　汪氏《權輿》曰：「夏侯稚權《景福殿賦》注」。志祖案：何校增「權」字。見《安陸昭王碑》注。見《注引群書目錄》。

　　顧氏評校《汪氏文選理學權輿八卷孫氏補一卷》曰：今案：夏侯惠在《淵傳》，又《劉劭傳》，字稚權，見裴注引《文章敘錄》。《景福殿賦》作「侯權」，失「夏」字。《（安陸昭王）碑》注作「夏侯稚」，偶改「（稚）[權]」作「（權）[稚]」。王氏《蛾術軒篋存善本書錄・甲辰稿》卷四，1403頁。

　　胡氏《考異》曰：注「夏侯稚」。何校「稚」下，添「權」字，陳云：「稚下當脫一權字。魏夏侯稚權以才學稱，見荀勗《文章敘錄》。」案：所校是也，各本皆脫。

　　張氏《膠言》曰：胡中丞云：「稚下脫權字。夏侯稚權以才學稱，見荀勗《文章敘錄》。」

　　梁氏《旁證》同胡氏《考異》。

【疏證】

　　奎本以下諸六臣合注本、尤本悉脫「權」、作「乎」、作「象」。謹案：上《景福殿賦》「講肆之場」條，胡氏《考異》曰：「稚權名惠，見《魏志・夏侯淵傳》注」。考《魏志・夏侯淵傳》云：「威弟惠。樂安太守」裴注引《文章敘錄》曰：「惠，字稚權。幼以才學見稱，善屬奏議。歷散騎黃門侍郎。……遷燕相樂安太守。年三十七，卒」。此當陳、何校之所出。毛本當誤從尤、建二本等耳。《通志・劉劭傳》誤作「雅權」。注引《呂氏春秋》見《審為》篇，字正作「乎」、作「象」。二字，毛本皆因形近而誤，陳、何校當從《呂氏春秋》、

尤本等正之。並參拙著《何校集證》。

齊殤晏平　注：《晏子》曰：晏子死。公繁駬而馳，自以為遲。

【陳校】

　　注「公繁駬」。「繁駬」，當作「擊鉬」。

【疏證】

　　奎本、明州本、尤本、建本作「繁駬」。贛本作「擊駬」。謹案：本書王仲寶《褚淵碑文》「晏嬰既往」注作「擊鉬」。《晏子春秋・外篇下》云：「公乘侈輿，服繁組驅之。而因為遲，下車而趨」，則作「繁組」。陳校當誤從贛本及本書內證。毛本不誤。《爾雅・釋畜》：「青驪繁鬣騋」。王引之《述聞》：「繁者，白色也。讀若老人髮白曰皤。繁，即是白。繁，與皤同義。白蒿謂之蘩，白鼠謂之鼮，馬之白鬣，謂之繁鬣，其義一也。」作「繁」，與《說苑・君道》（《太平御覽》卷四百八十七引《晏子春秋》同）作「公乘輿素服驛而驅之」之「素服」，可相互佐證。《說文通訓定聲・履部》：「車曰駬、曰傳；馬曰驛、曰遽。」《說文・馬部》：「駬，驛傳也。」段注：「駬，《爾雅》舍人曰：『駬，尊者之傳也。』《呂覽》注曰：『駬，傳車也。』按：駬，為尊者之傳用車，則遽為卑者之傳用騎。……俗字用駬為驛。」作「駬」，又可與《呂覽・士節》：「乘駬而自追晏子。」互為參驗。奎本等「駬」，當「駬」之誤。今本《晏子》作「組」，蓋復由「鉬」來，亦誤。毛本亦有保存古本原貌者，不可輕棄也。

列邦揮涕　注：《家語》：敬姜曰：無揮涕。涕以手揮之也。

【陳校】

　　注「涕以」。「以」上脫「流」字。

【集說】

　　胡氏《考異》曰：注「涕以手揮之也。」陳云：「涕下脫流字。」各本皆脫。

　　梁氏《旁證》同胡氏《考異》。

【疏證】

　　奎本以下諸六臣合注本、尤本脫同。謹案：語見《孔子家語・曲禮子夏問》云：「請無瘠色、無揮涕」王肅注：「揮涕，不哭，流涕以手揮之。」善注

乃節文，然「流」字，上述諸本不當脫也。毛本誤從尤、建二本等，陳校當從《家語》補之。

（分類子目）墓誌　注：吳均《齊春秋》：王儉曰：石誌不出禮典。起朱元嘉顏延之為《王（琳）〔球〕石誌》。

【陳校】

　　注「起朱」。「朱」，「宋」誤。

【疏證】

　　奎本以下諸六臣合注本、尤本悉作「宋」。謹案：唐・許嵩《建康實錄・齊太祖高皇帝》：「（建元二年）安陵時，議欲立〔石誌〕。石誌不出禮典。起宋元嘉中顏延之為《王球石誌》」。《海錄碎事》卷二十一作「宋文帝元嘉顏延之」云云。毛本手民獨因形近而誤，陳校無煩披贛、尤二本、吳著等，信手可正之爾。

劉先生夫人墓誌一首　任彥昇

欣欣負載

【陳校】

　　「載」，「戴」誤。注同。

【集說】

　　余氏《音義》曰：「負載」。「載」，何改「戴」。

　　孫氏《考異》曰：「戴」誤「載」。

　　胡氏《考異》曰：何校「載」改「戴」，陳云「載，戴誤。注同。」是也，案：二字多相混，此亦不具出。

　　梁氏《旁證》曰：何校「載」改「戴」。

　　許氏《筆記》曰：「欣欣負載。」「載」與「戴」，古字通。嘉德案：何校曰云云，胡曰云云，然考《韻會》：「戴，或作載。」《爾雅・釋山》：「或本作：『石載土，謂之崔嵬，土載石，為砠。』」釋文云：「戴，或作載，字同。丁伐反。」又段注《說文》曰：「戴又與載通用。《周頌》：『載弁俅俅』、《月令》：『載青旂』，皆同戴。」然則「載」、「戴」二字古自通用，則此正文善本自作

「載」,及注引《漢書》亦「載」字,義與「戴」同。不煩改「載」。

【疏證】

諸《文選》本並注悉同。獨贛本正文及注並作「戴」。謹案:《釋名・釋姿容》:「戴,載也。載之於頭也。」《說文・異部》「戴」,段注:「戴,又與載通用。言其上曰戴,言其下曰載也。」《墨子・修身》:「君子以身戴行者也。」孫詒讓《閒詁》:「戴,載古通。」然則,嘉德言「不煩改」,是。毛本當從尤、建二本等。陳、何或從贛本,孫、胡二家並非。

弘風丞相 注:蕭子顯《齊書》曰:瓛,晉丹陽尹惔六葉孫也。然其妻王氏,丞相遵之後也。

【陳校】

注「丞相遵」。「遵」,「導」誤。

【集說】

余氏《音義》曰:「相遵」。「遵」,何改「導」。

胡氏《考異》曰:注「丞相遵之後也」。何校「遵」改「導」,陳同。是也,各本皆譌。

梁氏《旁證》同胡氏《考異》。

許氏《筆記》曰:何改「導之後」。嘉德案:五臣向注云:「丞相王遵,夫人先祖。」是五臣作「王遵之後」,而沿其誤者,遂改李注亦作「王遵」也。陳校改「導」,是也。

【疏證】

奎本、明州本、尤本、建本誤同。惟贛本作「導」。謹案:五臣作「遵」,向注可證。按蕭氏《南齊書・劉瓛傳》未見「其妻王氏,丞相導之後也」十字,然則,十字蓋善語耳。何校蓋從贛本。《御製分類字錦・人物》「弘風丞相」引亦作「導」,不誤。此書由康熙命何焯、陳鵬年等歷時三年編成。見卷首康熙六十一年八月初一日序。嘉德說,亦是。

毫末成拱 注:《公羊傳》曰:泰伯謂蹇叔曰:爾之年老,蒙上之木拱矣。

【陳校】

注「泰伯」。「泰」,「秦」誤。

【疏證】

奎本以下諸六臣合注本、尤本悉作「秦」。謹案：事見《春秋公羊傳注疏·僖公三十三年》，正為「秦伯」，本書江文通《雜體詩·陸平原》「徂沒多拱木」注亦作「秦」。《左傳·僖公三十三年》作「公使謂之曰：爾何知！中壽，爾墓之木拱矣。」「公」即「秦穆公」也，《冊府元龜》卷二百四十四同。毛本傳寫獨因形近而誤，陳校當從《公羊傳》、尤本等正之。

匪爵而重　注：潘岳《夏侯諶誄》曰。

【陳校】

注「夏侯諶」。「諶」，「湛」誤。

【疏證】

奎本以下諸六臣合注本、尤本悉作「湛」。謹案：潘《誄》載在本書，正作「夏侯湛字孝若」云云。《晉書·夏侯傳》同。本書顏延年《赭白馬賦》「逸異之姿妙簡」注、王元長《永明十一年策秀才文（又問昔者）》「妙簡銅墨」注引並作「湛」。今檢《集韻·沁韻》：「湛，漬也。」又：「浸，漬也。或作湛。」是湛有浸潤、浸漬之義，與字「孝若」正應。毛本獨因形近而誤，陳校當從本書內證、《晉書》等正之。

文選卷六十

齊竟陵文宣王行狀一首　任彥昇

題：文宣

【陳校】

　　按：《狀》末云「易名之典，請遵前烈」，則作《狀》時尚未有謚也。題「文宣」二字，當是後來所益耳。

【疏證】

　　諸《文選》本並同。謹案：陳校是也。此亦前胡《考異》漏錄漏校者。

南徐州南蘭陵郡縣都鄉中都里蕭公年三十五行狀

【陳校】

　　「南蘭陵郡縣都鄉」。「都鄉」上，疑脫「中」字。「縣」，疑當作「東」，見前《安陸王碑文》注。

【集說】

　　孫氏《考異》曰：「南徐州南蘭陵郡縣都鄉」。何校「都」上，增「中」字。

　　胡氏《考異》曰：「南蘭陵郡縣都鄉」。何校「都」上，增「中」字，據《南齊書·高帝紀》文校。陳云：「疑當作東，見前《安陸昭王碑文》注。」

案：彼注即引《南齊書》。「東」、「中」乖異，未必非「東」誤也。又案：「縣」上當有「蘭陵」二字。此歷說州郡縣鄉里，不應祗云縣而不云何縣。

梁氏《旁證》曰：何校「都」上添「中」字。據據《南齊書·高帝紀》文。陳曰：「疑當作東，見《安陸昭王碑文》注。」胡公《考異》曰云云。姜氏皋曰：「按《齊紀》，蕭氏世居東海蘭陵縣中都鄉中都里。迨過江，居晉陵武進縣之東城里。寓居江左者，皆僑置。本土加以南名，於是為南蘭陵人。然《齊·州郡志》『南徐州』領郡無『南蘭陵郡』。其『南琅邪郡』下，有『蘭陵縣』。《隋書·地理志》：『江都郡延陵縣』下注云：『舊置南徐州南東海郡，梁改曰蘭陵縣，陳又改為東海。』又『曲阿縣』下注云：『有武進縣。梁改為蘭陵。開皇九年併入。』是南齊時，『南徐州』下，不得有『南蘭陵郡』也。既居『武進縣之東城里』，似不得仍云『中都鄉中都里』，豈鄉、里亦並僑置也？」

姚氏《筆記》曰：按：「都」上脫一「中」字。

許氏《筆記》曰：（下文）「行狀」二字衍。嘉德案：第三行「南徐州南蘭陵郡縣都鄉中都里蕭公年三十五行狀」。胡曰云云，胡說是。今「縣」上並補「蘭陵」二字，至《安陸碑文》注作「東都里」，實誤。

黃氏《平點》曰：「都鄉」上，據何焯增「中」字。

【疏證】

諸《文選》本悉同。謹案：毛本「都鄉」上脫「中」字，當誤從尤、建二本等，陳、何校據「《安陸王碑文》注」、《南齊書·高帝紀》等增之，是。陳校所謂「《安陸王碑文》注」見「南蘭陵人也」下注云：「蕭氏之先，蕭何居沛。至孫侍中彪，居東海蘭陵縣東都鄉中都里。晉分東海為東蘭陵郡。中朝亂，淮陰令憼過江，居晉陵武進縣。僑置本土，加以南名，於是為南蘭陵人。」前胡謂「此歷說州郡縣鄉里，縣上當有蘭陵二字」，是。此陳校所漏，不得以承上省略為辭；然僑郡，里名既仍為「中都里」，若鄉名改從本鄉「東」，則不倫矣。故姜皋疑「豈鄉、里亦並僑置」之說可用。陳校之疑作「東」，又非。前胡、許說皆得之。然則，全稱當作「南徐州南蘭陵郡蘭陵縣中都鄉中都里」也。

忠為令德　注：《左氏專》：君子曰：忠為令德。

【陳校】

注「左氏專」。「專」，「傳」誤。

【疏證】

奎本以下諸六臣合注本、尤本悉作「傳」。謹案：語見《春秋左傳注疏·成公十年》。《初學記》卷十七「令德」注引作「《左傳》」，《長短經·懼誡》「孰與委忠本朝、守其臣節」注引作「《傳》曰」，此則類書省稱「《左傳》」耳。本書劉公幹《贈五官中郎將（余嬰）》「勉哉修令德」注亦作「《左氏傳》」。毛本偶因音、形二近而誤，陳校當從《左傳》、本書內證、贛、尤二本等正之。

河間所未輯　注：《漢書》又曰：河間獻王德，從人得善書。

【陳校】

注「從人」，《漢書》作「從民」。唐避廟諱改。

【疏證】

奎本以下諸六臣合注本同。尤本作「民」。謹案：事見《漢書·河間獻王傳》，正作「民」，《通志·河間獻王傳》、《藝文類聚》卷四十五、《冊府元龜》卷二百七十引、《北堂書鈔》卷七十「被服儒術」注引並同。毛本當從建本等，《海錄碎事》卷十下亦作「人」，尤本當從《漢書》回改。從傳主為王而言，原文亦當為「民」。陳說是也。

淮南取貴於良時　注：《漢書》：淮南王安，上使為《離騷傳》，旦受詔，日食時上。

【陳校】

「良」，「食」誤。

【疏證】

諸《文選》本咸作「食」。謹案：事見《漢書·淮南王安傳》，正作「食」，《金樓子·說蕃篇》、《太平御覽》卷六百一同。依善注亦可推當作「食」。毛本獨因形近而誤，陳校當從《漢書》、尤本等正之。

沈攸之跋扈上流　注：沈約《宋書》曰：順帝即位。攸之師武義，至夏口反。《毛詩傳》傳曰：無然畔援，猶跋扈也。

【陳校】

注「師武義」三字疑。又，「《毛詩傳》」下衍「傳」字，「猶跋扈」上脫

「鄭玄《箋》曰：畔援」六字。

【集說】

　　胡氏《考異》曰：注「《毛詩傳》曰：無畔換。」案：「無」字不當有。又「換」，《詩》作「援」。「畔援，猶跋扈也」，在鄭《箋》。此各本皆有誤。

　　梁氏《旁證》曰：注「《毛詩傳》曰：無畔換，猶跋扈也。」此當是「《毛詩》曰：無然畔換。傳曰：畔換，猶跋扈也。」「無」字下脫「然」字，「援」字作「換」。顏注：「畔換，強恣貌，猶言跋扈。」《皇矣》篇「無然畔換」是也。此出鄭《箋》而引作《傳》者，李引毛、鄭每不甚分別，蓋其時《傳》、《箋》久並故也。

【疏證】

　　奎本、尤本作「帥武義」、不重「傳」字、「無畔援」下無「鄭玄《箋》曰畔援」六字。明州本、建本作「師」、不重「傳」、「無然畔援」下無六字。贛本作「帥武義」、不重「傳」字、「無然畔援」下，無六字。謹案：武義，武誼也。揚雄《羽獵賦》：「仁聲惠於北狄，武誼動於南鄰」呂向注：「武誼，武事。」「師武義」，謂事戰爭也。「師」與「帥」同，陳不必疑也。毛本「傳」字重出，蓋傳寫獨衍，陳校是。《毛詩》見《大雅·皇矣》，今本云：「無然畔援」鄭《箋》：「畔援，猶跋扈也。」本書陳孔璋《為袁紹檄豫州》「而操遂承資跋扈」注，作「《毛詩》曰：無然畔換」鄭玄曰：「畔換，猶跋扈也」。「無然」二字固當有，「鄭玄箋曰畔援」六字，循例亦當有，然《旁證》謂其時《傳》、《箋》久並「李引毛、鄭每不甚分別」說，更得善注之實。然則，「鄭玄《箋》曰畔援」六字，陳校亦不必補也。

並鎮盆口　注：沈約《宋書》又曰：邵陵殤王友，……，出為南中郎將、江州刺史。邵陵王。

【陳校】

　　注末「邵陵王」三字衍。

【疏證】

　　奎本、明州本、尤本、建本同。贛本無此三字。謹案：事見《宋書·邵陵殤王傳》，「刺史」下乃有「封邵陵王」字，《南史·孝明諸子》同。但觀正文，亦當有上「封邵陵王」四字。毛本當從尤、建二本等，不誤；贛本脫耳，陳校

據贛本改，非也。

而任總西伐　注：沈約《宋書》曰：齊王太子奉晉熙王燮，鎮尋陽之彭城。

【陳校】

　　注「彭城」。「彭」，「盆」誤。

【疏證】

　　奎本以下諸六臣合注本、尤本悉作「盆」。謹案：事見《宋書·順帝本紀》，有「晉熙王燮鎮尋陽之盆城」云云，正作「盆」，同書《晉熙王昶傳》同。本書上文「宋鎮西晉熙王、南中郎邵陵王竝鎮盆口」注引沈約《宋書》曰：「燮字仲綬，封晉熙王，進號鎮西。沈攸之舉兵，鎮尋陽之盆城。」毛本獨因音近而誤，陳校當從《宋書》、本書內證、尤本等正之。

風馳羽檄　注：《四子講德論》曰：風融雨集。

【陳校】

　　注「風融」。「融」，「馳」誤。

【疏證】

　　奎本以下諸六臣合注本、尤本悉作「馳」。謹案：王子淵《四子講德論》載在本書，正作「馳」，本書嵇叔夜《贈秀才入軍（良馬）》「風馳電逝」注、顏延年《皇太子釋奠會作詩》「野馗風馳」注、劉孝標《辯命論》「夫虎嘯風馳」注引並同。但觀正文及注上文，亦可推定乃「馳」之誤。毛本獨傳寫而誤，陳校當從本書內證、上下文義、尤本等正之。

任切書記　注：魏文帝《與吳質書》曰：元喻書記翩翩。

【陳校】

　　注「元喻」。「喻」，「瑜」誤。

【疏證】

　　奎本以下諸六臣合注本、尤本悉作「瑜」。謹案：曹丕《書》載在本書，正作「瑜」字，《太平御覽》卷五百九十五引、《魏志·吳質傳》裴注、《北堂書鈔》卷一百「公幹逸氣」注引並同。本書陸韓卿《奉答內兄希叔》「書記既

翩翩」注引同。毛本獨因音、形兩近而誤，陳校當從贛、尤二本、本書內證等正之。

敦悅斯在　注：《左氏傳》曰：趙襄曰：郤縠可，臣亟聞言矣。

【陳校】

　　注「趙襄」。「襄」，「衰」誤。又，「聞言」。「言」上脫「其」字。

【疏證】

　　奎本以下諸六臣合注本、尤本悉作「衰」、有「其」字。謹案：事見《春秋左傳注疏・僖公二十七年》，正作「衰」、有「其」字，《太平御覽》卷二百七十二、《冊府元龜》卷二百三十九、卷三百八十八並同。本書蔡伯喈《郭有道碑文》「禮樂是悅」注引誤「襄」、有「其」字。毛本獨因形近誤作「襄」、傳寫脫「其」。陳校當從《左傳》、本書內證、尤本等正之。參上《郭有道碑文》「禮樂是悅」條。

又以奏課連最　注：《漢書》曰：倪寬為農都尉，大司農奏課最連。韋昭曰：最連得第一也。

【陳校】

　　注「倪寬為」下，脫「司」字。又，「最連」，當乙。

【集說】

　　胡氏《考異》曰：注「倪寬為農都尉，大司農奏課最連」。陳曰云云。是也。各本皆誤。

　　梁氏《旁證》曰：陳校「為」下添「司」字，「最連」二字上下互乙。各本皆誤。

【疏證】

　　奎本、明州本、尤本、建本脫、倒同。贛本脫同、獨作「連最」。謹案：本書任彥昇《王文憲集序》「風化之美，奏課為最」注引「《漢書》曰：倪寬為司農都尉。大司農奏課聯最。韋昭曰：聯得第一也。」「倪寬為」下有「司」字、作「聯（連同）最」。上句，今本《漢書・兒寬傳》未見，而下句「大司農奏課連最」語，卻見於《敘傳》「班上況為河農都尉」事。孫氏《職官分紀・冠軍將軍》：「奏課聯最」注：「梁任昉《齊竟陵文宣王》：『以奏課聯最，號為

冠軍將軍。』」可為佐證。毛本脫「司」字,當誤從尤本等,陳校當據《漢書》、本書內證等補之。毛本之倒,亦誤從尤本等,陳校則據本書內證、正文、贛本等乙正。據韋昭注,可見下句之中心義,是言政績考評連續得第一,故作「最連」、「聯最」本皆通。然依《敘傳》,當作「聯最」。《隋書·長孫熾傳》:「〔長孫熾〕頻宰二邑,考績連最,遷崤郡守」,亦可為此說佐證。若以此言本條及上引任《序》韋昭注,則並有脫文:本條「最」上脫「連」一字;任《序》則「聯」上脫「最」、下脫「連」,凡二字矣。尤本等之倒,或泥於注引韋昭注之脫謁,陳校及諸家並無言及,故為辨析如上。

越人之巫　注:范曄《後漢書》曰:第五倫……拜會稽太于。

【陳校】

注「會稽太于」。「于」,「守」誤。

【疏證】

奎本以下諸六臣合注本、尤本悉作「守」。謹案:事見《後漢書·第五倫傳》,正作「守」,《通志·第五倫》同。毛本獨傳寫而誤,陳校無待披《後漢書》、尤本等,即據上下文信手可正之。

水漿不入於口者　注:《禮記》曾子謂子思伋曰:吾執親之喪。

【陳校】

注「汲曰」二字當乙。

【集說】

胡氏《考異》曰:注「曾子謂子思伋曰。」陳曰云云。是也,各本皆倒。

梁氏《旁證》曰:陳校「伋曰」二字,上下互乙」。各本皆倒。

【疏證】

奎本、明州本、尤本、建本同。贛本作「曰伋」。謹案:語見《禮記注疏·檀弓上》正作「曰伋」,《太平御覽》卷三百六十七、卷八百六十一、《冊府元龜》卷五百七十一、卷七百九十四引並同。本書嵇叔夜《養生論》「而曾子銜哀七日不飢」注亦同。毛本誤從尤、建二本等,陳校當從《禮記》、本書內證、贛本等正之。

禮屈於厭降 注：《禮記》曰：……公子於其妻之父母。鄭玄曰：凡公子厭於君，降其私親。女君子之不降也。

【陳校】

注「（如）〔女〕君子之」下二字，當乙。

【集說】

余氏《音義》曰：「子之」，何改「之子」。

【疏證】

奎本以下諸六臣合注本、尤本悉作「之子」。謹案：語見《禮記注疏·服問》，字正作「之子」。毛本傳寫偶倒，陳、何蓋從《禮記》、尤本等正之。周鈔「女」誤「如」。已正之。

良家入徙，戚里內屬 注：《漢書》曰《萬石君傳》曰：徙其家長安中戚里。

【陳校】

注「《漢書》」下衍「曰」字。

【集說】

胡氏《考異》曰：注「《漢書》曰《萬石君傳》曰。」袁本、茶陵本「書」下無「曰」字。是也。

【疏證】

奎本、尤本衍同。明州本、贛本、建本無上「曰」字。謹案：語見《漢書·萬石君傳》，後者係《漢書》篇名。不可間以「曰」字。本書《魏都賦》「亦有戚里」善引舊注正作「《漢書·萬石君傳》」，中無「曰」字。毛本當誤從尤本等，陳校無須披《漢書》、贛本等，可信手正之耳。

食邑如千戶

【陳校】

「千」，「干」誤。

【集說】

孫氏《考異》曰：「食邑如干戶」。「如干」，一本作「加千」。

胡氏《考異》曰：「食邑加千戶」。袁本、茶陵本「加千」作「如干」。案：考《南齊書》云「二千戶」。上文云「食邑千戶」，故此云「食邑加千戶」，即二千戶也。善無注者，本不須注耳，五臣濟注乃云「如干猶若干，無定戶故也。」可謂妄說。二本不著校語，以之亂善，甚非。尤所見獨未誤。

張氏《膠言》曰：「食邑加千戶。」袁、茶二本「如干」。胡中丞云：「《南齊書》云：『二千戶』……五臣濟注云：『如干猶若干，無定戶故也。』可謂謬說。」

梁氏《旁證》曰：五臣「加千」作「如干」。濟注「猶若干也，蓋食邑無定戶。」胡公《考異》曰：「《南齊書》云『二千戶』，……銑注可謂妄說。」

胡氏《箋證》曰：《考異》曰：「《南齊書》云『二千戶』，……濟注：『如干，猶若干也。』可謂妄說」。

許氏《筆記》同孫氏《考異》。嘉德案：茶陵本、袁本作「如干戶」，尤本作「加千戶」。胡云：「考《南齊書》云云」。胡校甚是，今依尤本改正。此亦沿五臣之舊而未經更正者。

【疏證】

尤本、五臣陳本作「加千」。奎本以下諸六臣合注本作「如干」。五臣正德本並濟注並作「如干」。謹案：五臣作「如干」，濟注可證。前胡據上下文義，謂尤本獨是，或是。然亦未見他文獻旁證。毛本當從尤本等。陳校當從贛本及五臣濟注等，並非無稽，故以孫氏《考異》兼存「一本」為穩。五臣陳本濟注同正德本，正文又從尤本改，遂致文、注不相應爾。

素漸河潤　注：《東觀漢記》曰：帝勞之曰：賢能太守云帝城不遠。

【陳校】

注「云帝城」。「云」，「去」誤。

【疏證】

奎本以下諸六臣合注本、尤本悉作「去」。謹案：事見《東觀漢記·郭伋傳》，正作「去」字（「賢能」上有「郡得」二字）、《太平御覽》卷二百六十同。《後漢書·郭伋傳》亦作「去」（「賢能」上無「郡得」字），《太平御覽》卷六十一引張璠《漢紀》同。毛本傳寫獨因形近而誤，陳校當從《東觀漢記》、尤本等正之。

玉關靖柝　注：《周禮》曰：凡軍事聚檸。鄭玄曰：擊檸，兩木相敲行夜時也。檸，與柝詞。

【陳校】

　　注「柝詞」。「詞」，「同」誤。

【疏證】

　　奎本以下諸六臣合注本、尤本作「同」。謹案：事見《周禮注疏‧挈壺氏》，正作「同」，本書張平子《西京賦》「城尉不弛柝」注作「柝與檸同音。」衍一「音」字。考《春秋左傳注疏‧哀公七年》：「魯擊柝聞於邾」釋文云：「柝，字又作檸，同。」可證。善注當從《釋文》。毛本獨形近而誤，陳校當從《周禮》、上下文義、尤本等正之。

豈徒舂人不相，傾壃罷肆而已哉　注：《史記》曰：趙良謂商鞅曰：五段大夫死……舂者不相杵。劉緔《聖賢本紀》曰：子產治鄭二十年，卒。國人哭于巷，商鞅哭于市，農夫號于野。

【陳校】

　　注「五段」。「段」，「殺」誤。又，「商鞅」。「鞅」，「賈」誤。

【集說】

　　余氏《音義》曰：「五段」。「段」，何改「殺」。

　　胡氏《考異》曰：注「劉緔《聖賢本紀》曰」下至「農夫號于野」。袁本、茶陵本無此三十字。案：或別據他本也。

【疏證】

　　奎本以下諸六臣合注本、尤本悉作「殺」。奎本、明州本、建本無「劉緔」以下三十字。贛本、尤本作「賈」。謹案：語見《史記‧商君列傳》，字正作「殺」，《資治通鑑‧周紀‧顯王》、《通志‧商鞅傳》同，本書任彥昇《出郡傳舍哭范僕射》「輟舂哀國均」注、任彥昇《王文憲集序》「豈直舂者不相」注亦同。毛本傳寫偶誤。陳、何校蓋據《史記》、本書內證、尤本等正之。毛本蓋涉上文而譌作「鞅」。陳校當從上下文義、尤本等正之。

黃屋左纛　注:《漢書》曰:紀信乘三車。

【陳斠】

　　注「乘三車」。「三」,「王」誤。

【疏證】

　　奎本以下諸六臣合注本、尤本悉作「王」。謹案:事見《高帝紀上》,正作「王」,《通志‧高祖》、《御覽》卷四百一十七、《冊府元龜》卷三百七十同。又,《御覽》卷三百二十四引《史記》並同。本書謝靈運《從遊京口北固應詔》「黃屋示崇高」注引亦同。毛本獨傳寫而誤,陳校當從《漢書》、本書內證、尤本等正之。

前後部羽葆鼓吹　注:《漢書》:韓延壽給羽葆。

【陳校】

　　注「給羽葆」。「給」,「植」誤。

【集說】

　　胡氏《考異》曰:注「韓延壽給羽葆。」何校「給」改「植」,陳同。是也,各本皆誤。

　　梁氏《旁證》曰:何校「給」改「植」。陳同。是也,各本皆誤。

【疏證】

　　奎本以下諸六臣合注本、尤本誤同。謹案:語見《漢書‧韓延壽傳》,字正作「植」,有師古曰:「植,亦立也。」《通志‧韓延壽傳》、《藝文類聚》卷六十八、《太平御覽》卷六百八十一引、《前漢紀‧孝宣四》、《白孔六帖》「車服兵衛」注引並同。毛本當誤從尤等,陳、何當從《漢書》等正之。

好下規己　注:《魏志》:劉寔曰:王肅方於事上,而好下接己。

【陳校】

　　注「接己」。「接」,「佞」誤。

【集說】

　　胡氏《考異》曰:注「而好下接己。」何校「接」改「佞」,陳同。是也,各本皆誤。

梁氏《旁證》曰：何校「接」改「佞」，陳同。各本皆誤。

【疏證】

奎本、明州本、尤本、建本悉同，贛本獨作「佞」。謹案：事見《魏志・王肅傳》，正作「佞」，馬永易《實賓錄・三反》、《古今合璧事類備要》續集卷八『王肅三反』注引同。《世說新語・品藻》載卞望之論郗公「體中有三反。方於事上，好下佞己。」注云：「按：太尉劉寔論王肅『方於事上，好下佞己。……王、郗志性，儻亦同乎？』」亦作「佞」，足為佐證。尤本等因「接」與「佞」形近而謁，毛本當誤從之，陳、何當從贛本、《三國志》等正之。

未嘗鞠人於輕刑　注：《東觀漢記》曰：袁安為尹十餘年，政令公平，未常以贓罪鞠人。

【陳校】

注「未常」。「常」，「嘗」誤。

【疏證】

奎本以下諸六臣合注本、尤本悉作「嘗」。謹案：事見《東觀漢記・袁安傳》正作「嘗」。《通志・袁安傳》、《古今事文類聚》後集卷九引、《白孔六帖》卷四十「寬不按吏」注引《後漢書》、卷七十六「京師肅清」注並同。觀正文亦當作「嘗」。然「常」。與「嘗」實通。《荀子・天論篇》「夫日月之有蝕……是無世而不常有之。」王先謙《集解》：「《群書治要》常，作嘗。是也。」《韓非子・外儲說左上》「主父常遊於此」。陳奇猷《集釋》引太田方曰：「常、嘗通。」皆其證。毛本當據別本，陳校不必改也。

體生民之俊　注：《東觀漢記》：郅鄲曰：天生俊士以為民也。

【陳校】

注「郅鄲」。「鄲」，「惲」誤。

【集說】

余氏《音義》曰：「郅鄲」。「鄲」，何改「惲」。

胡氏《考異》曰：注「郅鄲曰」。袁本、茶陵本「鄲」作「惲」。是也。

梁氏《旁證》曰：注「郅鄲曰」。余校「鄲」改「惲」，六臣本亦作「惲」。是也。

【疏證】

尤本同。奎本以下諸六臣合注本作「憚」。謹案：事見《東觀漢記·郅憚傳》，字正作「憚」，《後漢紀·光武皇帝紀七》同，本書應休璉《與從弟君苗君冑書》「郅憚投竿」注引亦同。《後漢書》、《通志·郅憚傳》「為民」作「為人」，《寶賓錄》卷十二引《東觀漢記》同，並因唐諱改「人」，然並為「憚」語。毛本當誤從尤本，陳、何校蓋據《東觀漢記》、本書內證、尤本等正之。梁氏《旁證》誤此為余校，非。參拙著《何校集證》。

丘園東國，錙銖軒冕 注：以東國若丘園，輕軒冕猶錙銖者。鄭玄曰：言君分國以祿之，視之輕如錙銖矣。

【陳校】

注「鄭玄曰」上，疑當有「《禮記》曰：雖分國如錙銖，不臣不仕」十三字。又，「視之輕」。「輕」，「輕」誤。

【集說】

胡氏《考異》曰：注「鄭玄曰」。案：「玄」下當有「《禮記》注」三字。各本皆脫。

梁氏《旁證》曰：注「鄭玄曰」。「曰」上當有「《禮記》注」三字。

【疏證】

奎本以下諸六臣合注本、尤本「鄭玄」下皆無「《禮記》注」三字、「輕」，作「輕」。謹案：事見《禮記注疏·儒行》。本書顏延年《陶徵士誄》「錙銖周漢」注引「《禮記》：孔子曰：「儒有上不臣天子，下不事諸侯。雖分國如錙銖有如此者。」鄭玄曰：「雖分國以祿之，視之輕如錙銖矣，」《山谷內集詩注·文安國挽詞》「萬事委錙銖」注引《禮記》注同。又，《家語·儒行解》「雖以分國視之如錙銖」王肅注：「視之輕如錙銖」等，以此比勘陳校與前胡《考異》，自當以《考異》為近似。毛本脫文，當誤從尤、建二本等；誤「輕」，蓋因形近耳。

置之虛室 注：《莊子》曰：虛室生曰。

【陳校】

注「生曰」。「曰」，「白」誤。

【疏證】

奎本以下諸六臣合注本、尤本悉作「白」。謹案：語見《莊子·養生主》，字正作「白」，本書嵇叔夜《養生論》「神氣以醇白獨著」注引同。《太平御覽》卷一百七十四引《列子》、《淮南字·俶真》並有「虛室生白」語。毛本傳寫而誤，陳校當從《莊子》、本書內證、尤本等正之。

屈以好事之風，申其趨王之意　注：《戰國策》曰：……王叔曰：叔趨見王為好勢，王趨見叔為好士。於王何如？

【陳校】

「屈以好事之風。」「事」，「士」誤。

【集說】

孫氏《考異》曰：何云：「王，當作士。」志祖按：六臣本作「屈以好士之風，申其趨王之意」，語意甚婉曲，蓋上苟好士，下亦不妨趨王耳。義門不察「事」字之誤，而欲改「趨王」為「趨士」，深所未解。

胡氏《考異》曰：「屈以好事之風」。袁本、茶陵本「事」，作「士」。是也。何、陳校皆改「士」。

梁氏《旁證》曰：六臣本「事」作「士」，是也。何曰：「王，當作士。」孫氏志祖曰云云。

姚氏《筆記》曰：「申其趨王之意」。何云：「王，當作士。」

胡氏《箋證》曰：《旁證》曰：「事，六臣本作士。是也。」

許氏《筆記》曰：「好事」。注：「王趨見叔為好士」。依注當作「好士」。嘉德案：茶陵本、袁本正文並作「好士」。胡云：「何、陳皆改士。」注亦作「士」，此作「事」，誤也。

【疏證】

尤本同，其餘諸《文選》本皆作「士」。謹案：「事」與「士」通，段注《說文·史部》曰：「事，古叚借為士字。《鄭風》曰：『子不我思，豈無他事？』毛曰：『事，士也。』今本依傳改經，又依經改傳，而此傳不可通矣。」今按《韓非子·八說》：「夫沐者有棄髮除者傷血肉，為人見其難，因釋其業。是無術之事也。」王先慎《集解》：「事，當作士。」客觀上亦可借證段說。然則，若非五臣與善之異，陳不改亦得。孫氏謂「義門不察事字之誤」，亦非。胡氏

《考異》謂「何、陳校皆改士。」是引何有譌,何未嘗改「事」字,此點,孫氏《考異》亦可證。陳則有之。嘉德亦不能辨前胡之失。毛本蓋從尤本,不誤。尤本能存古貌,治《文選》者,尤本豈可輕乎!

由其趨王之意

【陳校】

「由」,「申」誤。

【疏證】

五臣陳本亦作「由」外,其餘諸《文選》本皆作「申」。謹案:「申」,正與上句「屈」相對為文。毛本誤從五臣陳本。陳校當從贛、尤二本等正之。

乃知大春屈己於五王　注:范曄《後漢書》:信陽侯乃詭五王,求淺千萬,約能致丹至。

【陳校】

注「求淺千萬」。「淺」,「錢」誤。

【疏證】

奎本以下諸六臣合注本、尤本悉作「錢」。謹案:事見《後漢書·井丹傳》,正作「錢」,《太平御覽》卷五百一引、《冊府元龜》卷九百一併同。毛本獨因音、形並近而誤,陳校當從《後漢書》、尤本等正之。

文皇帝養德東朝　注:蕭子顯《齊書》曰:文惠太子懋,字雲喬,世長子。

【陳校】

注「世長子」。「世」下脫「祖」字。

【集說】

余氏《音義》曰:「太子」、「世祖」。何「子」下添「子」字、「祖」下增「長」字。

胡氏《考異》曰:注「文惠太子懋。」案:「子」下,當有「長」字。各本皆脫。何校添「子」字,蓋誤。

梁氏《旁證》曰:胡公《考異》曰:「子下,當有『長』字。」見《齊書·

文惠太子傳》。各本皆脫。

姚氏《筆記》曰：按：「戀」上當重一「子」字。「世祖子」。「子」上脫「長」字。

【疏證】

奎本以下諸六臣合注本、尤本「太子」下，皆脫「長」字、「祖」下悉有「長」字。謹案：語見《南齊書‧文惠太子傳》，云：「文惠太子長戀，字雲喬，世祖長子也」，《太平御覽》卷一百四十九同。《冊府元龜》卷二百五十八作「文惠太子長戀，武帝長子也」，亦足為「子」下、「祖」下有「長」之旁證。毛本「祖」下獨脫「長」字，陳校當從《南齊書》、尤本等補之。「太子」下，陳未能補「長」字。參拙著《何校集證》。

實該百行　注：孔藏與從弟書曰：學者，所以飾百行也。

【陳校】

注「孔藏」。「藏」，「臧」誤。

【集說】

胡氏《考異》曰：注「孔藏與從弟書曰」。陳曰云云。是也，各本皆譌。
梁氏《旁證》曰：陳校「藏」改「臧」。各本皆誤。

【疏證】

奎本、明州本、尤本、建本同。贛本獨作「臧」。謹案：事見《孔叢子‧與子琳書》。則自當為「臧」。《北堂書鈔》卷八十三「飾百行」注、本書班孟堅《兩都賦序》「太常孔臧」注、顏延年《秋胡詩》「百行誓諸已」注、蔡伯喈《陳太丘碑文》「總修百行」注並作「臧」。毛本當誤從尤、建二本等，陳校當從《孔叢子》、本書內證、贛本等正之。

遵衿褵於未萌　注：衿褵，於衿結褵也。《儀禮》曰：女嫁，母施衿結帨也，勉之敬之。《毛詩》曰：親結其褵。毛萇曰：褵，婦人之幃也。

【陳校】

「遵」，「導」誤。又注「於衿」。「於」，「施」誤。「帨也」。「也」，「曰」誤。「褵婦」。「褵」，「褘」誤。

【集說】

余氏《音義》曰:「遵衿」。善本「遵」作「導」。

孫氏《考異》曰:「遵」,善本作「導」,五臣作「遵」。

顧按:「褵」即「褵」字。見《女史箴》。

胡氏《考異》曰:注「於衿結褵也。」何校「於,改施」,陳同。是也,各本皆譌。又曰:注「親結其褵,袁本褵作褵。案:褵字是也。觀下注可見。茶陵本亦誤褵。」又案:「依此,正文疑善作褵。今作褵,其誤與前《女史箴》同。否則,善尚有褵、褵異同之注,今刪削不全也。」前胡所謂「下注」,即「毛萇曰褵」。

梁氏《旁證》曰:六臣本「導」作「遵」。何校注中「於」字,改「施」。陳同。各本皆誤。

許氏《筆記》曰:「遵衿褵於未萌。」「遵」,何改「導」。嘉德案:六臣茶陵本、袁本作「導」,云:五臣作「遵」。此沿五臣之舊而未改正之者。注「施衿結褵也」。六臣本「施」誤「於」,何校正作「施」,是也。又注「母施衿結帨也。」「也」,當作「曰」。「親結其褵」、「毛萇曰褵」,二「褵」字,今《毛詩》、毛《傳》作「褵」,皆當改正。前《女史箴》注明「褵與褵古字通」,此正文作「褵」,亦當有相通之注,或前已注明,不煩再注耳。又考茶陵本「親結其褵」,作「褵」不誤;「毛萇曰褵」,誤作「褵」。袁本二「褵」字,皆作「褵」。胡氏以袁本作「褵」為是,轉疑正文善作「褵」。大非。袁本作「褵」者,字之譌耳。說見《女史箴》。

【疏證】

尤本作「導」。五臣正德本及陳本作「遵」,奎本、明州本、贛本同,校云:善本作「導」。建本作「導」,校云:五臣作「遵」。奎本、明州本、尤本、建本誤「於」、作「曰」、作「褵」。贛本作「施」、「曰」、「褵」。謹案:尤氏《考異》曰:「五臣導作遵。」五臣作「遵」,向注可證。善本作「導」,諸家無異辭。毛本蓋以五臣亂善。陳、何當從尤本及贛本校等正之。注「於」字,毛本當誤從尤本等,陳、何即據贛本、注引《儀禮》、本書張茂先《女史箴》「施衿結褵」並注而正之。「也」字,《儀禮·士昏禮》正作「曰」,本書《女史箴》注同。毛本獨因形近而誤。陳校當從《儀禮》、本書內證、贛、尤二本等正之。至於注「褵」字,五臣作「褵」,向注亦可證,與善作「褵」不同。亦當從前胡說,陳亦不必改焉。嘉德說亦非,其誤與上《女史箴》「施衿結褵」條同。

未見好德　注：《論語》孔子曰：吾未見好德如好色者。

【陳校】

注當引《後漢書‧宋宏傳》：「宏〔嘗〕讌見。御坐新屏風圖畫列女，帝數顧視之。宏正容言曰：未見好德如好色者。帝即為撤之。」

【疏證】

奎本以下諸六臣本、尤本悉同。謹案：此亦陳論注之失。五臣濟曰：「言畫列女似好色不好德，而游梁之客譏之云：愚竊惑焉。竟陵聞過將遷，即命使除削列女之圖也。」陳此校，即由濟注啟發而生。亦祇可備異聞。

投杖不暇　注：《禮記》曰：子夏喪其子而喪其明，弟子弔之。

【陳校】

注「弟子」。「弟」，「曾」誤。

【集說】

胡氏《考異》曰：注「弟子弔之。」何校「弟」改「曾」，陳同。是也，各本皆誤。

梁氏《旁證》曰：何校「弟」改「曾」，陳同。各本皆誤。

【疏證】

奎本以下諸六臣合注本、尤本悉誤。謹案：事見《禮記注疏‧檀弓上》正作「曾子」，《藝文類聚》卷四十、《太平御覽》卷一百六十三、卷三百八十三、卷四百八十七等引、《初學記》卷十八「西河」注、《白孔六帖》卷三十「喪明」注引並同。毛本當誤從尤、建二本等，陳、何校當從《禮記》正之。

門階戶席　注：《李尤集‧序》曰：尤好為銘讚，門階戶集，莫不有述。

【陳校】

注「戶集」。「集」，「席」誤。

【集說】

余氏《音義》曰：「戶集」。「集」，何改「席」。

【疏證】

奎本以下諸六臣合注本、尤本注悉作「席」。謹案：《玉海》卷六十引亦

作「席」。但觀正文，亦當作「席」。吳語「集」、「席」音同，毛本因譌。陳、何校蓋從正文、尤本等正之。

貴而好禮　注：《論語》曰：未若貧而樂，富而好禮者也。

【陳校】

注「《論語》」下脫「子」字。

【疏證】

奎本以下諸六臣合注本、尤本悉有「子」字。謹案：語見《論語注疏‧學而》，正有「子」字，《古今合璧事類備要》續集卷三十二「告往知來」注同。《漢書‧王莽傳》作「孔子曰：『未若貧而樂』」云云，顏注引《論語》作「孔子曰：『可也。未若貧而樂』」云云，並亦可為當有「子」字之旁證。毛本傳寫獨脫，陳校當從《論語》、尤本等正之。

孜孜無怠　注：《尚書》曰禹曰：子思日孜孜。

【陳校】

注「子思」。「子」，「予」誤。

【疏證】

奎本以下諸六臣合注本、尤本悉作「予」。謹案：語見《尚書注疏‧益稷》，云：「禹拜曰……予思日孜孜」。正為禹語，作「予」字。陳校當據《尚書》、尤本等正之。而上諸本注復有作「曰禹曰」及「曰禹」之異。明州本以下諸六臣合注本同毛本，「禹」下復有一「曰」字，奎本、尤本則作「曰禹」。胡氏《考異》校曰：「注『《尚書》曰禹。』案：『曰禹』，當作『禹曰』。各本皆倒。」前胡之校，蓋就尤本而言，故以「曰禹」為倒文。明州本或發現其倒，「禹」下增「曰」而忘刪其上之「曰」字耳。據李善書名下用「曰」字例，本條既下文有「禹曰」字，則其書名下「曰」字，即不當有。就毛本而言，既倒且衍，當誤從建本等，「曰」字，陳亦漏校也。

乃撰《四部要略》《淨住子》

【陳校】

按：元末，杭僧智松序《梁武懺略》云：「齊永明間，竟陵王子良撰《淨住子》成二十卷。分淨、行、住為三十門。未及流通，又罹變易。大梁天監，

具德高僧刪其緐蕪，撮其樞要，采摭諸經之妙品，改集十卷之悔文，曰『《梁武懺脩》』，俗稱『《梁皇寶懺》』」。

【疏證】

奎本以下諸六臣本、尤本悉同。謹案：《隋書·經籍志三》載：「《淨住子》二十卷。齊竟陵王蕭子良撰。」馬永易《實賓錄·淨住子》云：「《齊竟陵王子良行狀》曰：……乃撰《四部要略》、《淨住子》，並勒一家，言懸諸日月」註云：「梵語菩薩，此為淨住。以如戒而住也，是佛之子，故謂之子。」本條陳氏提要《淨住子》其書，以補善注。

弔屈原文一首　賈誼

賢聖逆曳兮　注：胡廣曰：逆曳，不得順道而行也。

【陳校】

「逝」，「逆」誤。

【疏證】

諸《文選》本咸作「逆」。謹案：《史記》本傳正作「逆」，《索隱》引胡廣語同。《記纂淵海》卷三十六、卷五十五引「《賈生傳》」同。《漢書》、《新書》本傳並作「逆」。據注，可證善作「逆」。五臣作「逆」，銑注可證。語見毛本獨因形近傳寫而誤，陳校當從《史》、《漢》、尤本及注正之。

章甫薦履　注：冠當加首，而甫薦履。

【陳校】

注「而甫」。「甫」，「以」誤。

【疏證】

奎本以下諸六臣合注本、尤本悉作「以」。謹案：毛本獨因涉正文而譌為「甫」，陳校當從上下文義、尤本等正之。

嗟苦先生　注：應劭曰：嗟，咨嗟。苦勞苦屈原遇此難也。

【陳校】

「嗟苦先生」。「苦」，當從《漢書》作「若」，更有顏延年《祭屈原文》可

以互證。又，應注中上「苦」字。《漢書》作「也」，亦於義為長。

【集說】

余氏《音義》曰：「苦」，《漢書》、五臣作「若」。

孫氏《考異》曰：《楚辭集注》：或曰：「苦，當作若。《易》曰：則嗟若。」何云：「當從《漢書》作『若』，兼有顏延年《祭屈原文》，可以參證。又，應注中上『苦』字，《漢書》作『也』，亦於義為長。」

胡氏《考異》曰：「嗟苦先生。」茶陵本校語云：「苦」，五臣作「若」。袁本作「苦」，無校語，非。何云「《漢書》作若。」陳云：「苦，當從《漢書》作若，更有顏延年《祭屈原文》可以互證」云云。案：所說是也。「苦」字但傳寫誤，蓋誤認注中「勞苦屈原」，以為正文有「苦」字耳。今《史記》亦作「苦」，誤與此同。又曰：注「應劭曰：嗟咨，嗟苦。」陳云：「苦，《漢書》注作也。」案：「也」字是也，各本皆誤。《史記集解》所引無此字，又其一證。

張氏《膠言》曰：胡中丞曰：「嗟苦，當作嗟若。何、陳依《漢書》校改，是也。更有顏延年《祭屈原文》可以互證。」今《史記》亦誤「苦」。注：「嗟苦，嗟咨」，當云：「嗟，咨嗟也。」

梁氏《旁證》曰：六臣本及《漢書》「苦」並作「若」。是也。「苦」，但傳寫誤。又曰：注「應劭曰：嗟咨，嗟苦。」陳曰：「《漢書》苦，作也。」《史記集解》無此字。

胡氏《箋證》曰：六臣本及《漢書》「苦」並作「若」。按：本書《祭屈原文》「曰若先生」注引此正作「嗟若」。注引應劭注「苦，勞苦」三字，《史記集解》無，蓋後人所增。

許氏《筆記》曰：「嗟苦先生。」《漢》作「嗟若」。案：顏《祭屈原文》曰「嗟若先生」注引此文作「嗟若先生」。然此引應注，是應劭自作「嗟苦」。嘉德案：注引應劭曰：「嗟，咨嗟；苦，勞苦。屈原遇此難也。」依注分釋「嗟」、「苦」二字，則正文自作「嗟苦」。茶陵本、袁本並同。茶陵本「苦」下云：五臣作「若」。孫云：「或曰：苦，當作若」云云。陳云：「苦，當從《漢書》作若。」胡云：「所說是也。苦字但傳寫誤」云云。嘉德又考：《漢書》作「若」，注引應劭曰：「嗟，咨嗟也，勞苦屈原遇此難也。」《史記》作「苦」，注引應劭曰：「嗟，咨嗟；苦，勞苦，言屈原遇此難也。」袁、茶二本正文及注並同《史記》。蓋《史》、《漢》同引應注。《漢書》正文作「嗟若」，故改注中「苦」

為「也」，而以「勞苦屈原」四字連文。《史記》作「嗟苦」故依注分釋，以「勞苦」為句。「屈原」上並多「言」字，其義甚明。公異行初校及二、三校本亦從《漢書》作「若」，末後定本則依原注從《史記》，蓋注以「勞苦」釋「苦」字，非以「勞苦屈原」四字連文，且作「若」作「苦」，既有二本，義亦可通，李氏自從《史記》，不得謂《史記》作「苦」之誤，互相聚訟。

【疏證】

　　奎本作「苦」，無校語，袁本蓋與之同。五臣正德本作「若」，陳本作「苦」。明州本從《漢書》作「若」，出校云：善本作「苦」。贛本、建本作「苦」，校云：五臣本作「若」，蓋倒置明州本而來。尤本作「苦」，蓋從贛本、明州本校語。謹案：尤氏《考異》曰：「五臣苦作若。」「若」與「苦」，形近易淆，屢見古籍。《通志・賈誼傳》、《新書》卷十、《太平御覽》卷六百九十七、《記纂淵海》卷三十六悉同《漢書》。朱熹《楚辭集注・弔屈原》亦云：「或曰：苦，當作若。」又，婁機《班馬字類》卷四「離」注引《史記・賈生傳》亦作「嗟若」。足見宋人大抵以作「若」為是，無論《史》、《漢》。上引諸家說，權衡再三，還當以二胡說為得。毛本當誤從尤本等，陳、何校從《漢書》、本書內證等正之。應注上「苦」字，當作「也」，陳校、前胡說，亦是。李善若從《史記》，則「屈原」上當有「言」字也。二許執意異同前胡，故前後校有反復，今不取。

訊曰：已矣　　注：張晏曰：訊，《離騷》下竟亂辭也。

【陳校】

　　注「下竟」。「竟」，「章」誤。

【集說】

　　胡氏《考異》曰：注「離騷下竟亂辭也。」陳曰云云。是也，各本皆誤。案：《漢書》顏注及單行《索隱》引皆作「章」。

　　梁氏《旁證》曰：陳校「竟」改「章」。各本皆誤。

　　許氏《筆記》曰：「《離騷》下竟亂辭。」「竟」當作「章」。嘉德案：陳亦云：「竟，章誤。」是也。《漢書》、《史記》注並作「章」可證。

【疏證】

　　奎本、明州本、建本同。贛本作「章」。尤本作「音」。謹案：《史記》本

傳作「章」，《漢書》同。毛本當誤從建本等，陳校當從《史》《漢》、贛本等正之。尤本作「音」，疑所據為「章」之壞字。按《通雅·釋詁》「騷□之末，用亂、用歌，或用訊，或用誶，或用歎。字曰文，行文曰言，成篇曰章，然古可通也」條，曰：「屈原用『亂曰』，賈生用『誶曰』，《史記》作『訊曰』，劉向用『歎曰』。此猶章句論解之家，在漢曰故、曰林、曰微、曰箋、曰注、曰疏、曰解、曰通，然後人各以意名書，千百其變，而《楚詞》尚守此數法。……《國語》指《那頌》卒章為『亂辭』、摘《小宛》首章為『篇目』；《左傳》所引數章之末，謂之『卒章』，一章之末句，亦謂之『卒章』；一句，謂之『一言』，一字，亦謂之『一言』，蓋古人不拘也。」據此，竊復疑本條「下竟」，當「末章」之譌也。

夫豈從蝦與蛭螾　注：韋昭曰：蝦，蝦蟇。蛭，水蟲食人者也。螾，丘螾也。

【陳校】

　　注「食人」。「人」字有誤。

【集說】

　　許氏《筆記》曰：「水蟲」下「食人者也」四字，何校削。嘉德案：茶陵本注有「食人者也」四字，同誤。《漢書》韋昭注無。

【疏證】

　　奎本、明州本、尤本誤同。贛本、建本作「食魚」。謹案：今本《漢書》本傳注作「服虔曰：蛭，水蟲。」《史記集解》引「《漢書》韋昭」注，亦無此四字。此四字，蓋誤植五臣銑注及回改《爾雅》郭注譌誤而致。檢《爾雅注疏·釋蟲》「蛭蟣」郭注：「今江東呼水中蛭蟲入人肉者為蟣。」本條銑注從郭注而省作：「蛭、螾皆水蟲也。」不誤。後人竟誤取其上句「蟣獺」之注「水蟲食魚者」而亂善注；復有欲依郭注，回改「食魚」為「入人」，陰差陽錯，改「魚」而不易「食」，而為「食人」矣。毛本當誤從尤本等，何校當從《史記集解》等正之。贛建二本、陳校並非。

亦夫子之故也　注：亦夫子目為之故，不可尤人也。

【陳校】

　　注「目為之」。「目」，「自」誤。

【疏證】

奎本以下諸六臣合注本、尤本悉作「自」。謹案：毛本獨傳寫因形近而誤，陳校當據上下文義、尤本等正之。

遙曾擊而去之　注：鄭玄曰：擊，音攻擊之擊。

【陳校】

注「鄭玄」，當作「鄭氏」。觀注家次其語於如、（孛）〔李〕之間，則其人必注《漢書》之鄭德，非康成明矣。《漢書音義》中但稱「鄭氏」不書名。

【集說】

胡氏《考異》曰：注「鄭玄曰。」陳曰云云。是也，各本皆誤。

梁氏《旁證》曰：陳校「玄」改「氏」。各本皆誤。

許氏《筆記》曰：注「鄭玄曰。」「玄」當作「氏」。嘉德案：陳校亦云：「玄，當作氏。」是也。此非鄭康成，蓋鄭德也。各本皆誤。

【疏證】

奎本以下諸六臣合注本、尤本悉同。謹案：毛本當誤從尤、建二本等。本科段自「鳳凰翔于千仞兮」至「遙曾擊而去之」，善引舊注次鄭氏於注家如淳、李奇之間，故陳校決為同是《漢書》注家之鄭德而非鄭玄，是也。屬理校。陳所謂「於如、李之間」，即指與如、李流同廁為《漢書》注家也，非謂如《文選》鄭氏注正居如、李之中矣。《漢書・敘例》列「諸家注釋」，鄭在李奇、如淳前。周鈔「李」誤「孛」。今已正之。

橫江湖之鱣鯨　**固將制於螻蟻**　注：晉灼曰：以況小朝主闇，……亦謂讒賊小人所見害也。《莊子》庚桑楚謂弟子：吞舟之魚，碭而失水則螻蟻能苦之。《戰國策》：君不聞海大魚乎，蕩而失水，則螻蟻得意焉。

【陳校】

注「亦謂」。「謂」，「為」誤。「碭而」。「碭」，「蕩」誤。

【集說】

胡氏《考異》曰：注「亦謂讒賊小人所見害也。」何校「謂」改「為」。陳同。是也，各本皆誤。

梁氏《旁證》曰：何校「謂」改「為」。陳同。各本皆誤。

【疏證】

奎本、贛本作「為」，明州本、尤本、建本「謂」。謹案：《漢書》本傳作「為」，當何校所依。然「謂」與「為」通，屢見上文，無煩再證。然則，明州本或據別本。毛本當誤從尤、建二本，陳、何不改，也得。「大魚」事，並見《莊子》、《戰國策》。《莊子·庚桑楚》，郭注云：「碭，徒浪反。謂陽溢而失水也。」又見《戰國策·齊策一》，鮑彪注：「《集韻》：『蕩，放也。』言自放肆。」是《莊子》「碭」而《戰國策》「蕩」，二家似有別。《文選》諸本，引《戰國策》並作「蕩」。引《莊子》則奎本、贛本作「蕩」；明州本、尤本、建本作「碭」。然「蕩」、「碭」實通。按《廣雅·釋詁四》：「蕩、逸、放、恣，置也」。王念孫《疏證》：「蕩、逸、放、恣，並同義」。今觀郭注謂「溢」、鮑注為「放」義正同。然則，音義並同，二字故可通也。毛本作「蕩」不誤，陳亦不必改焉。

弔魏武帝文一首並序　　陸士衡

藏於區區之木　注：《左氏傳》：楚靈王曰：是區區者而不卑余也。

【陳校】

注「卑余」二字當乙。「卑」，「畀」誤。

【集說】

胡氏《考異》曰：注「而不畀余也」。何校「畀余」改「余畀」，陳同。是也，各本皆倒。

梁氏《旁證》曰：何校「畀余」改「余畀」，陳同。各本皆倒。

【疏證】

建本倒、譌同。奎本、明州本、尤本作「畀余」。惟贛本作「余畀」。謹案：事見《春秋左傳注疏·昭公十三年》，作「是區區者而不余畀」，《太平御覽》卷七百二十五引，《史記·龜策列傳》「卜而龜逆」《集解》裴駰引並同。本書陸士衡《辯亡論下》「固不厭夫區區者也」注亦作「不余畀」。「畀」、「卑」形近易誤，奎、明、贛、尤四本皆能持正，然否定句賓語置前，則惟贛本獨得其實。毛本倒、譌俱同建本，此亦二者有某種程度之從出關係之證。陳校當從《左傳》、本書內證、贛本、古漢語句法等正之。

翳乎蕞爾之土　注：《左氏傳》：子彥曰：諺曰：蕞爾之國。杜預曰：最爾，小貌也。

【陳校】

　　注「子彥」。「彥」，「產」誤。又，「之國」，「之」字衍。「最爾」。「最」，「蕞」誤。

【集說】

　　顧按：（注「之」字）此「小」字之誤。《謝平原內史表》同。

【疏證】

　　奎本以下諸六臣合注本、尤本悉作「產」、「之」、「蕞」。謹案：事見《春秋左傳注疏・昭公七年》正子產語，作「蕞爾國」注：「蕞，小貌」。關於「之」字。《論衡・死偽篇》引子產語亦作「諺曰：蕞爾小國。」《魏志・陳留王傳》有詔曰：「蜀蕞爾小國」、又《賈詡傳》復有「吳蜀雖蕞爾小國」之語。本書陸士衡《謝平原內史表》「蕞爾之生」注引作「之」同，而左太沖《魏都賦》「宵貌蕞陋」注引作「蕞爾小國」，嵇叔夜《養生論》「夫以蕞爾之軀」注引亦有「小」字。佐以杜預注，可證顧按「此小字之誤」說，不謬。參上《魏都賦》「宵貌蕞陋」條。陳校從《左傳》、尤本等正毛本「彥」、「最」二字之誤，是；而謂「之字衍」，則非也。

持姬女而指季豹，以示四子　注：《魏略》曰……。然太祖子在者，尚有十一人。今唯四子者，蓋太祖奔時，四子在側。史記不言，難以定其名位矣。

【陳校】

　　注「奔時」。「奔」，「崩」誤。又，「史記」，「記」字誤。按：魏武薨於洛陽。凶問至鄴，陳矯有「愛子在側」之言。「愛子」謂植也。時文帝留鄴，彰又被召未至，皆不在侍疾之列。注誤。

【集說】

　　胡氏《考異》曰：注「史記不言。」何校「記」改「既」。是也，各本皆誤。

　　梁氏《旁證》曰：何校「記」改「既」。各本皆誤。

【疏證】

　　奎本以下諸六臣合注本、尤本悉作「崩」、「記」。謹案：本書謝靈運《七里瀨》「孤客傷逝湍，徒旅苦奔峭」注：「《淮南子》曰：『岸峭者必阤。』許慎曰：『阤，落也。』然奔亦落也。《入彭蠡湖口詩》曰：『圻岸屢崩奔』，與此同也。」是奔、崩，音義並近，字或可通。顧炎武《天下郡國利病書‧江南五》引《吳江志‧沈經‧坍湖岸議》：「太湖風浪，勢如排山，岸遇輒奔。日就成浸，非人所能禦也。」而明‧張內蘊、周大韶撰《三吳水考‧水田考》云：「照得：太湖風浪」云云，五句並同，惟「岸遇輒奔」句，「奔」作「崩」，正是「奔」亦有「崩落」，字可通用之驗。然則，毛本「奔」字，未必誤。「記」字，則誤從尤、建本等，陳校當從上下文義、尤本等校之。何校改「既」，亦據文義，當是。前胡宗之。本條陳亦兼論善注之失者。

婉孌房闥之內　　注：班固《漢書‧哀紀述》曰：婉孌董公。力婉功。

【陳校】

　　注「力婉功。」「功」，「切」誤。

【疏證】

　　奎本以下諸六臣合注本、尤本悉作「切」。謹案：語見《漢書敘傳‧述哀紀》，顏注無音注。當為善音。毛本獨因形近而誤，陳校當從上下文義、尤本等正之。「力」上當補一「孌」字。

愛有大而必失　　注：《尸子》：曾子曰：父母惡之，禮而無咎。

【陳校】

　　注「禮而」。「禮」，「懼」誤。

【集說】

　　許氏《筆記》曰：注引《尸子》「禮而無咎。」「禮」，當作「懼」。改正。

【疏證】

　　奎本以下諸六臣合注本、尤本悉作「懼」。謹案：《禮記注疏‧祭義》亦載：曾子曰：「父母愛之，喜而弗忘；父母惡之，懼而無怨。」作「懼」，《太平御覽》卷四百一十二、《記纂淵海》卷三十九引同，可為佐證。毛本獨傳寫而誤，陳校當從《禮記》、尤本等正之。

將稅駕於此年　注：《法言》曰：仲尼之駕稅矣。李範曰：稅，舍也。

【陳校】

　　注「李範」。「範」，「軌」誤。

【集說】

　　胡氏《考異》曰：注「李範曰稅」。陳曰云云。是也，各本皆誤。

　　梁氏《旁證》曰：陳校「範」改「軌」。各本皆誤。

【疏證】

　　奎本、明州本、尤本、建本誤同。贛本獨作「軌」。謹案：本書潘安仁《西征賦》「稅駕西周」注引正作「軌」。毛本當誤從尤、建二本等，陳校當從贛本、本書內證等正之。

膺靈符而在茲　注：茲，此也。此，太祖也。曹植《大魏篇》曰：大魏膺靈符，天祿方滋始。《春秋孔演圖》曰：靈符茲液，以類相感。

【陳校】

　　注「茲液」。「茲」，「滋」誤。

【疏證】

　　奎本以下諸六臣合注本、尤本悉作「滋」。謹案：毛本「茲」，或「茲（从二玄，音玄）」之譌。「茲」與「滋」音同，可通。《玉篇・玄部》：「茲，濁也，黑也。或作滋。」是其證。然則，「滋」，今作「滋」者亦非。《左傳・哀公八年》：「武城人或有因於吳竟田焉。拘鄫人之漚菅者，曰：『何故使吾水滋？』」注：「滋，濁也。」釋文：「滋，音玄。本又作茲，子絲反。《字林》云：『黑也。』」黃焯《彙校》：「宋本及何校本、臧校本滋、茲互易。是也。」《說文・玄部》：「茲，黑也。从二玄。《春秋傳》曰：『何故使吾水茲？』」段注曰：「按《左傳》曰：『何故使吾水茲？』釋文曰：『……本又作滋，子絲反。』此俗加水作滋。因誤認為『滋益』字而入之《之韻》也。《艸部》茲，從絲省聲……而茲、滋字，衹當讀懸。」然則，本條毛本傳寫誤，《文選》諸本、陳校亦非也。復檢元・吳昌齡《張天師》雜劇第三折：「法水洒來天地暗，靈符書動鬼神驚。」與「靈符」相對之「法水」，當即本條之「茲液」，從元雜劇可推，道家所謂「茲液」，當是黑色液體。上引《左傳》釋文：「《字林》云：黑也」，可證。

憤西夏以鞠旅　注：陳思王《述（征）〔行〕賦》曰……《毛詩》曰：
陳思鞠旅。

【陳校】

　　注「陳思」。「思」，「師」誤。

【疏證】

　　奎本以下諸六臣合注本、尤本作「師」。謹案：詩見《毛詩注疏‧小雅‧
采芑》，正作「師」。《太平御覽》卷五百八十二、本書張平子《東京賦》「陳師
鞠旅」注引並作「師」。毛本當吳語音近或涉注上文而誤。陳校當從《毛詩》、
本書內證、尤本等正之。

**踰鎬京而不豫，臨渭濱而有疑。冀翌日之云瘳，彌四旬而成災。詠歸塗
以反旆，登崤澠而竭來。次洛汭而大漸，指六軍曰念哉。**

【陳校】

　　「踰鎬京」以下八句，蓋本之諸葛《正議》所謂「孟德喪漢中地，旋還未
至感毒而死」二語。然考之於史，魏武以建安二十四年三月西征，十月還洛
陽，即南征關羽，駐軍摩陂。明年正月，至洛陽，薨。則非因西征遘疾，返洛
而殂，明矣。《正議》之言，殆與武侯沒後，魏人傳其軍挫嘔血相似，非事實
也。

【疏證】

　　此陳考正文之失實。考何氏《讀書記》卷四十九則云：「憤西夏以鞠旅，
至彌四旬而成災。」按：「此言操以西征無功，發憤疾作。與《魏志》不同，
蓋諱之也。諸葛武侯《正議》云：孟德以其譎勝之力，舉數十萬之師，救張
郃于陽平。勢窮慮悔，僅能自脫。辱其鋒銳之眾，遂喪漢中之地，深知神器
不可妄獲。旋還，未至，感毒而死。以此互證，知武侯之言也，信。」陳校
顯然針對乃師而言。陳校同善注，皆據《魏志》，而何校則據諸葛《正議》。
諸葛雖亦當事人，然《正議》之作，本為外交辭令，據無名氏《三國志文類》
卷三十八《諸葛亮正議》下有注云：「時，魏司徒華歆等各有書與亮，陳天
命人事，欲使舉國稱藩。亮遂不報書，作《正議》曰」。故為當時政局、外
交勢格形禁，諒有諱飾，轉不及後來史家著錄為客觀。因此，還當以善注、
陳校為得。

臨渭濱而有疑　注：《答賓戲》曰：周望兆勳於渭濱。

【陳校】

注「兆勳」。「勳」，「動」誤。

【集說】

胡氏《考異》曰：注「周望兆勳於渭濱。」陳曰云云。是也，各本皆譌。

梁氏《旁證》曰：陳校「勳」改「動」。各本皆誤。

【疏證】

奎本以下諸六臣合注本、尤本悉誤「勳」。謹案：班氏《答賓戲》載在本書，正作「動」，《漢書・敘傳》、《藝文類聚》卷二十五、《冊府元龜》卷七百六十九同，本書劉越石《重贈盧諶》「惟彼太公望」注亦同。毛本當誤從尤、建二本等，陳校當從本書內證、《漢書》等之。

登崤黽而朅來　注：《漢書》曰：王莽策命王寄曰。

【陳校】

注「王寄」。「寄」，「奇」誤。

【疏證】

奎本以下諸六臣合注本誤同。尤本作「奇」。謹案：事見《漢書・王莽傳》，正作「奇」，《冊府元龜》卷九百十一同。毛本當誤從建本等，陳校當從《漢書》、尤本等正之。

力盪海而拔山　注：田巴《與馮衍書》曰。欲搖太山而盪北海。

【陳校】

注「田巴」。「巴」，「邑」誤。

【疏證】

奎本、明州本、建本誤同。贛本、尤本作「邑」。謹案：事見《後漢書・馮衍傳》，正作「邑」，《通志・馮衍傳》、《冊府元龜》卷九百三並同。毛本當誤從建本等，陳校當從《後漢書》、尤本等正之。參上王簡棲《頭陀寺碑文》「遂欲捨百齡於中身」條。

惜內顧之纏綿　注；張堅《與任彥昇書》曰：纏緜惠好。

【陳校】

注「張堅」。「堅」，「升」誤。又，「彥昇」。「昇」，「堅」誤。

【集說】

汪氏《權輿》曰：「張升《與任彥堅書》」注。志祖案：「陸士衡《赴洛詩》作張叔。誤。」見《注引群書目錄》。

胡氏《考異》曰：注「張堅《與任彥昇書》曰」。陳曰云云。是也，各本皆誤。

梁氏《旁證》曰：陳校「堅」改「昇」、「昇」改「堅」。各本皆誤。

許氏《筆記》曰：注「張堅《與任彥昇書》。」陸機《赴洛詩》注引作「張叔《與任彥堅書》」。張叔，即作《反論》者，任彥堅，無考。然別一人，非彥昇也。「張叔」當作「張升」。嘉德案：注「張堅《與任彥昇書》」。陳少章亦云：「堅，昇誤，昇，堅誤。」考「任彥堅」，是也，「張昇」，亦當作「張升」。今並正。

【疏證】

奎本以下諸六臣合注本、尤本誤同。謹案：本書潘安仁《西征賦》「思纏綿於墳塋」注、《寡婦賦》「思纏緜以聒亂兮」注、張孟陽《七哀詩》「纏綿彌思深」注、陸士衡《贈馮文熊遷斥丘令》「好合纏綿」注所引正作「張升《與任彥堅書》」。張景陽《七命（沖漠公子）》「何異促鱗之游汀濘」注引，非為注「纏緜」，亦作「張升《與任彥堅書》」。惟陸士衡《赴洛詩》「纏綿胸與臆」注引「升」誤「叔」。二字隸書相近而誤。毛本當從尤、建二本等，陳校當從本書內證正之。嘉德所見陳校，或傳寫誤耳。

既睎古以遺累，信簡禮而薄葬　注：能遵簡薄，所以遺類。《詩緯》曰：齊數好道，廢義簡禮。朱均曰：簡，猶闕也。《漢書》：劉向曰：賢臣孝子亦命順意而薄葬。

【陳校】

「既睎古以遺累」二句注「遺類」。「類」，「累」誤。「朱均」。「朱」，「宋」誤。「亦命」。「亦」下脫「承」字。

【疏證】

奎本以下諸六臣合注本、尤本皆作「累」、「宋」，脫「承」字。謹案：「遺累」者，脫累也。但據正文，即可正注「類」之誤。《北堂書鈔》卷一百二「怨西陵之茫茫」注引正作「累」。《隋書·經籍志一》云：「漢末，郎中郗萌集圖《緯讖》、《雜占》為五十篇，謂之《春秋災異》。宋均、鄭玄並為讖律之注」云云，則「朱」誠為「宋」之誤。劉向語見《漢書·劉向傳》，「亦」下正有「承」字，《前漢紀·孝成三》、《通志·劉向傳》、《文章正宗》卷十一併同。毛本誤「類」，獨因音近而誤；誤「朱」，則獨因形近；脫「承」，則誤從尤、建二本等耳。陳校當從《漢書》、尤本等補正之。

祭古冢文一首　謝惠連

刻木為人，長三尺可，有二十餘頭。

【陳校】

「可」，疑當作「所」。句絕。此因草書相似而誤耳。古「所」、「許」二字通用。如《西京雜記》：「滕公掘地入三尺所，得石槨」，亦一證也。

【疏證】

奎本以下諸六臣合注本、尤本同。謹案：「可」，與「所」，或亦可通用。如：《禮記注疏·中庸》「鬼神之為德，其盛矣乎。視之而弗見，聽之而弗聞，體物而不可遺」注：「可，猶所也。不有所遺，言萬物無不以鬼神之氣生也。」然則，「（不）可」即「（無）所」也。《大戴禮記·武王踐阼》：「（席）前右端之銘曰：無行可悔。」《說苑·敬慎篇》作：「無行所悔」。皆是。二字又皆可與數量詞結合，表示約略義。然用有微別：「可」，大抵置數量詞前，如：《漢書·西域傳》「行可百餘日，乃至條支國。」《後漢書·蘇竟傳》「天有白虹……廣可十丈，長可萬丈」之類。「所」，則置數量詞後。如：《史記·倉公列傳》：「今慶已死十年所」。《後漢書·天文志下》「晝有流星，長二尺所」之類，是也。準此以衡本條，陳校是。「可」，合「所」之誤，當在「可」下斷句。「可」若屬下，則與下「有」字肯定義相悖。陳云「所」、「許」通用，亦有據。《爾雅注疏·釋鳥》：「鼯鼠夷由」注：「長尾三尺許。」《晉書·石苞傳》：「（武帝）嘗以珊瑚樹賜之。高二尺許，枝柯扶疎。」不但約略義

同「所」，且亦多見用於數量詞後也。「許」字，偶見置數量詞中間者，如：柳宗元《至小丘西小石潭記》「潭中魚可百許頭。」「百許頭」，即「百頭許」也。

故假為之號曰溟漠君云爾

【陳校】

「溟漠君」。「溟」，「冥」誤。

【集說】

許氏《筆記》曰：「溟」，何改「冥」。嘉德案：六臣本作「冥」。

【疏證】

奎本、五臣正德本、陳本同。明州本、贛本、尤本、建本作「冥」，諸六臣合注本悉無校語。謹案：《說文》：「冥，幽也。」「溟，小雨溟溟也。」二字義本有別。《後漢書‧馮衍傳》：「齎此恨而入冥」注：「冥，謂地也」，故「冥漠」，有「地府」義，頗切本句句意。然「溟」，古亦通「冥」。《莊子‧逍遙遊》：「北冥有魚」《釋文》：「北冥，本亦作溟。」是其證。本書陸士衡《弔魏武文》：「悼繐帳之冥漠」。顏延年《拜陵廟》「衣冠終冥漠」注引《弔魏武文》並作「冥」。此奎本、毛本所以作「溟」也。然則，陳、何校不改也得。參拙著《何校集證》。

撫俑增哀　注：《埤蒼》曰：俑，木送人葬也。俑，或謂偶。

【陳校】

注「謂偶」。「謂」，「為」誤。

【疏證】

奎本以下諸六臣合注本、尤本悉作「為」。謹案：《玉篇‧人部》：「俑，偶人也。」「謂」，與「為」通，見上賈誼《弔屈原文》「橫江湖之鱣鯨」條。亦毛本好用古字、俗字之例，陳校當從尤本等改，然亦不必改也。注「送人」二字，上述諸《文選》本皆倒，亟當乙轉。《廣韻‧腫韻》：「俑，木人送葬。設關而能跳踊，故名之。出《埤蒼》。」《孟子注疏‧梁惠王上》「始作俑者，其無後乎」正義引「《埤蒼》」同。亦未見前胡等校正，附志之。

廣漢流渥 注：《東觀漢記》曰：陳寵，乞昭公。……先是，雒陽城南，每陰常有哭聲聞於府中。

【陳校】

注「乞昭公」。「乞」，「字」誤。又，「雒陽城」。「陽」，「縣」誤。

【集說】

胡氏《考異》曰：注「先是，雒陽城南。」何校引徐云：「廣漢治雒縣，此陽字衍文。」是也。各本皆衍。

梁氏《旁證》同胡氏《考異》。

許氏《筆記》曰：當為「雒縣」。《地理志》：「廣漢郡雒縣」。《水經注》：「洛水逕洛縣，故城南廣漢郡治也。先是，洛縣城南，每陰雨，常有哭聲，聞於府中。積數十年，沛國陳寵為守，以亂世多死亡暴骸不葬故也。乃悉收葬之，哭聲遂絕。」正與所引《東觀記》同。嘉德案：何校引徐曰云云，胡曰：「是也。」案：「陽」字誤。當作「縣」。《地理志》、《水經注》並稱「雒縣」，不必但俉「雒」去「縣」字。

【疏證】

奎本以下諸六臣合注本、尤本悉作「字」、誤「陽」。謹案：事見《東觀漢記‧陳寵傳》，作「字」、誤「陽」。《後漢書‧陳寵傳》作「字」、「洛縣城南」，《太平御覽》卷三百七十五引《東觀漢記》皆同。《御覽》卷五百五十四引謝承《後漢書》、《冊府元龜》卷六百七十五亦作「洛縣城南」。《元龜》「南」下有注：「雒，縣名。古城在今益州雒縣南也」云。上諸《文選》本作「陽」，當誤從今本《東觀漢記》，毛本則誤從尤、建二本等。陳校、嘉德言甚是，何校亦失之眉睫焉。「乞」字，毛本獨傳寫誤。陳校當從《漢記》、尤本等正之。參拙著《何校集證》。

窀穸東麓 注：《左氏傳》：楚子曰：窀穸之事。杜預曰：窀，厚也。穸，夜也。厚夜，長夜。葬為埋也。

【陳校】

注「長夜」下，脫「謂」字。「葬為」。「為」字衍。

【集說】

胡氏《考異》曰：注「葬為埋也。」何校「葬為」改「謂葬」，陳同。是

也，各本皆誤。

梁氏《旁證》曰：何校「葬為」改「謂葬」。

姚氏《筆記》曰：注「葬為埋也。」「葬」上脫「謂」字。下衍「為」字。

許氏《筆記》曰：嘉德案：注「葬為埋也」，當作「謂葬埋也」。改正。何校、陳校同。

【疏證】

奎本以下諸六臣合注本、尤本誤悉同。謹案：語見《左傳·襄公傳十三年》「唯是春秋窀穸之事」注云：「厚夜，猶長夜……長夜，謂葬埋。」善注有節略。本書顏延年《宋文皇帝元皇后哀策文》「杪秋即穸」注、宋·史鑄增注（王十朋）《會稽三賦·會稽風俗賦》「游於是，穸於是」注引並同。陳、何當從《左傳》、本書內證等校正。「為」與「謂」通，因疑：諸本所誤或僅在「為葬」二字倒文耳。嘉德云「何校、陳校同」，是也。

合葬非古　注：《禮記》：武子曰：合葬非古，自周公已來，未之有也。

【陳校】

注「未之有」下，脫「改」字。

【集說】

胡氏《考異》曰：注「未之有也」。何校「有」下，添「改」字，陳同。是也，各本皆脫。

梁氏《旁證》曰：何校「有」下，添「改」字。陳同。各本皆誤。

【疏證】

奎本以下諸六臣合注本、尤本脫同。贛本獨有「改」字。謹案：語見《禮記注疏·檀弓上》，「有」下正有「改」字，《太平御覽》卷五百五十三、《冊府元龜》卷七百九十四引、《白虎通義》卷下「崩薨」注引並同。若脫一「改」字，則語義正相反。毛本當誤從尤、建二本等，陳、何校乃據《禮記》、贛本等補正。

祭屈原文一首　顏延年

貞菱椒蘭　注：《楚辭》曰：椒專佞以謾謟兮，極又欲充夫佩緯。

【陳校】

注「極又欲」。「極」，「椴」誤。

【集說】

胡氏《考異》曰：注「極又欲充夫佩緯。」陳曰云云。是也。「緯」當作「幃」，各本皆誤。

梁氏《旁證》曰：陳校「極」改「椴」、「緯」作「幃」。

【疏證】

明州本、尤本、建本誤同。贛本誤「謟」。奎本獨作「椴」。謹案：此《離騷》語，載在本書，正作「椴」字，《楚辭章句·離騷》、《海錄碎事》卷五引同。史容注《山谷外集詩·次韻感春（祁寒）》「椒蘭工壅蔽，未可怨芳蓀」注、魏氏《五百家注昌黎文集·陪杜侍御遊湘西寺——》、廖瑩中《東雅堂昌黎集註》卷二「椒蘭爭妬忌」注引並同。毛本當誤從尤、建二本等，陳校當從本書內證、《楚辭》等正之。「緯」，各本皆誤，陳漏校。《旁證》則連類作陳校，亦非也。

比物荃蓀　注：王逸《楚辭序》曰：善鳥香草，以配忠真；虯龍鸞鳳，以託君子。

【陳校】

注「忠真」。「真」，「貞」誤。

【疏證】

奎本、贛本、尤本、建本作「貞」。明州本漫漶。謹案：語見《楚辭章句·離騷經序》正作「貞」。《施（元之）註蘇詩·再和曾仲錫荔支》「且隨香草附《騷經》」注、任淵注《山谷內集詩注》「香草當姬姜」注引並作「貞」。「貞」為宋仁宗趙禎之嫌名。宋人書唐貞觀年號，多見諱為「真觀」。尤本、建本「貞」缺末筆。本條或係毛本所據本諱作「真」，未必為譌也。陳校回改亦是。

祭顏光祿文一首　王僧達

夫德以道樹，禮以仁清　注：《尚書》曰：樹德務滋。孔安國曰：樹，明也。清，正也。

【陳校】

注「明也」。「明」，「立」誤。「正也」。「正」，「明」誤。

【疏證】

奎本以下諸六臣合注本、尤本悉作「立」、「明」。謹案：「樹」、「清」之訓，毛本獨傳寫而誤，陳校當從尤本等正之。善引《尚書》，見《尚書注疏·泰誓下》「樹德務滋」，然孔《傳》云：「立德務滋長。」未見「樹，立也」二句。今檢《禮記義疏·郊特牲》「旅樹大夫之僭禮也」孔穎達疏有「樹，立也」之訓，而無「清，明也」之詁。然《廣韻·遇韻》：「樹，立也。」《說文·水部》：「清，朖也。」段注：「朖者，明也。」並與善注釋「樹」、「清」合。惟未知善注來歷。俟再考。

性婞剛潔　注：《楚辭》曰：體婞直以亡身分。

【陳校】

注「體婞直」。「體」，「鮌」誤。

【疏證】

明州本、建本誤同。奎本、贛本、尤本作「鯀」。謹案：《楚辭章句·離騷》作「鮌」，本書《離騷》同。「鮌」與「鯀」同，《廣韻·混韻》：「鯀，亦作鮌。」是其證。毛本當誤從建本等，陳校當從《楚辭》、尤本等正之。

歸神太素　注：《列子》曰：太素者，質之始。

【陳校】

注非。《王仲宣誄》：「遊魂太素。」

【疏證】

奎本以下諸六臣合注本、尤本悉同。謹案：此亦陳論注之失當。曹子建《王仲宣誄》載在本書「儻獨有靈，游魂泰素」，善注已引「《列子》：泰素者，質之始也」云云。惟就本條而言，善注惟及「太素」，罔顧「歸神」，故以陳引

為切。

娥月寢耀 注：姮娥掩月，故曰娥月。《周易歸藏》曰：昔嫦娥以西王母不死之藥服之，遂奔月為月精。

【陳校】

注「姮娥」。「姮」，「恒」誤。

【疏證】

奎本以下諸六臣合注本、尤本悉同。謹案：當作「常」字。毛本未必誤，陳校改「恒」，亦尚失一間焉。參上郭景純《遊仙詩（雜縣）》「姮娥揚妙音」條。

嘉慶元年十二月閱一過。元和顧廣圻記。

2014 年清明後二日。初稿。

2014 年 7 月 29 日修改稿。

2014 年 12 月 25 日聖誕日二稿修改畢。

2015 年 5 月 3 日三稿於加州灣區。

2016 年 4 月 14 日再校於聖何塞。

2016 年 5 月 12 日三校於聖何塞。

2016 年 5 月 17 日校竟。

附錄一：周鈔《舉正》所附題跋

顧廣圻題跋四則

嘉慶元年（1796）十二月閱一過，元和顧廣圻記。周鈔《舉正》末頁。下除有特別標明者，悉同。

文道《十書》已刻者四，未竟者二。其《（西）［兩］漢舉正》，令嗣東莊手錄者，在黃蕘圃家。《國志舉正》、《柳集點勘》，郡中亦有傳錄本。此書亦東莊手錄，向為朱文游一作斿〔註1〕所藏，後歸抱沖兄。今年借出，攜之行篋。仍手抄一本，擬合抄四種，與同志者共傳之也。

> 澗薲居士記，時寓無為州甲子（嘉慶九年）七月朔。

疑此書文道並無他藁，但每條記於汲古閣本之上下左右，後東莊乃就而錄出耳。所校語多有可商處，或非文道意耶。然一時談《選》學者，未能或之先矣。

> 十二日又記。

右硃筆皆予所閱，頗自謂有絕佳處，今擬更加補綴，作小字夾注附於下。後之得此者共寶之。

> 十五日燈下再閱記。

〔註1〕朱奐，字文游，號滋蘭堂主人。吳縣人。篤行好學，藏書甲吳中。與惠棟為莫逆交。余蕭客館之滋蘭堂，因得博覽。見程晉芳《勉行堂文集·桂宧藏書序》、《吳門補乘》等。

翁同書〔註2〕題跋二則

《文選》注以李善為善，李善注本以尤袤本為善。然六臣本載善注與單行本互有短長，即尤本與它本亦是非互見，非閎覽方聞之士未由詆正。

本朝何義門，陳少章兩家改訂，特為精審。少章所校乃據汲古閣初印本與諸本對勘，其子東莊手錄其校勘語為一巨冊，名《文選舉正》，即此本也。先藏朱文㳺家，後為顧澗薲所得。及澗薲為胡克家校刊尤本，悉取少章校語編入《考異》中。第澗薲間有去取，又有尤本不誤而它本誤者，多從刪汰。是陳氏《舉正》一書，當別刻孤行，以留原書面目，況此冊為東莊手寫，澗薲以己意增正，援引該博，朱書爛然，手跋再三，甚自矜重。譚《選》學者，當以此為無上祕籍矣。予佐戎旃於邗上，聞仙女鎮有此書，急遣人物色之。餬金購歸，晨夕把翫。又以是冊細字草書。添注塗乙，卒不易讀，乃屬同邑周大令鎮別繕樣本，而令袁江李鎮安以楷書重錄。錄畢，爰識崖略。時咸豐七年六月二日也。常熟翁同書。見卷一《西都賦》後

先生諱景雲，字少章，先世家常熟，代有聞人，所謂河東陳氏也。生而穎異。既長，從何義門先生遊，學遂大殖，補吳縣學生。嘗再至京師，館藩邸三年。其為學，如飢渴之於飲食，終日丹鉛不離手。著有《讀書紀聞》十二卷、《綱目訂誤》四卷、《西漢舉正》五卷、《國志舉正》四卷、《韓集點勘》四卷、《柳集點勘》四卷、《文選舉正》六卷、《通鑑胡注舉正》十卷、《紀元要略》二卷、《文集》四卷，是為《文道十書》。雷鋐嘗為作序，然惟《綱目訂誤》、《紀元要略》、《韓集點勘》、《通鑑胡注舉正》四種刊行。余得此書，亟為傳錄副本，詳見前跋中。咸豐七年（1857）秋日，以此傳錄本寄至京邸。先文端公〔註3〕見而愛之。恒鐍藏秘笥。余在揚州方輯《選學叢書》，復寫一本。及赴皖北，則《叢書》本與東莊手錄原本俱燬於兵燹，幸京邸藏本完好無恙。今余將有西域之行，繙閱故書，得此。追念邗上迻寫時，如在目前。自痛債事獲辜，上累先人，不覺泫然涕下。因復識數語，俾吾弟叔平〔註4〕謹藏之，以竢它日枲布焉。同治三年（1864）倉龍在甲子花朝後二日，同書再跋。

〔註2〕翁同書（1810～1865）字祖庚，號藥齋。心存子。道光二十年進士。官至安徽巡撫，獲罪。同治二年，戍新疆，後效甘肅軍中，病卒。有《藥軒雜記》。

〔註3〕翁心存（1791～1862）字二銘，號邃庵。常熟人。道光二年進士，官至體仁閣大學士，謚號文端。祺祥政變，慈禧命為同治帝師傅。有《知止堂詩集》。

〔註4〕翁同龢（1830～1904）字叔平，號玉圃，晚號瓶笙。同書弟。咸豐六年狀元，官至戶部尚書，為光緒帝師傅，謚文恭。有《翁文恭公日記》等。

顧廣圻《文選六十卷 校宋本》跋

  此《文選》，硃校出汲古主人同時馮竇伯〔註5〕手，其前二十卷又有藍筆，則陸敕先〔註6〕所覆校也。今年秋八月，余屬蕘圃〔註7〕以重價購之。復借薌嚴周氏〔註8〕所藏殘宋尤袤刻本，即馮、陸所據者，重為細勘。閱時之久，幾倍馮、陸。補其漏略，正其傳譌，頗有裨益。惜宋槧之尚未全豹也。竊思選學盛於唐，至王深寧時已謂不及前人之熟。降逮前明，幾乎絕矣。惟詞章之士掇其字句，以供鏨悅，至其為經史之鼓吹，聲音訓詁之鍵鑰，諸子百家之檢度，遺文墜簡之淵藪，莫或及也。其閒，字經淺人改易，文為妄子刊削，五臣混淆善本，音注抵牾正文，又烏能知之？因譌致舛，其來久遠，承襲輾轉，日滋一日。卷帙鴻富，徵引繁多，詞意奧隱，不容臆測，義例深密，未易推尋。雖以陳文道之精心銳志，既博且勤，而又淵源多助，然《舉正》一書，猶時時有失。況余仲林《紀聞》以下，撷華遺實，宜同自鄶矣。廣圻由宋本而知近本之謬，兼由勘宋本而即知宋本亦不能無謬。意欲遵古今通借，以指歸文字；參累代聲韻，以區別句逗。經史互載者考其異，專集尚存者證其同，而又旁綜四部，雜涉九流，援引者沿流而溯源，已逸者借彼以訂此，未必非此學之功臣也。體用博大，自慚譾陋，懼弗克任，姑識其願於此，期與蕘圃交勖之焉。嘉慶元年十二月二十日，顧廣圻書於士禮居。

2010 年 11 月 19 日初校畢

2014 年 9 月 23 日據《文選研究文獻輯刊》本復校，訂正數字。

2016 年 4 月 6 日校定

〔註5〕馮武，字竇伯，號簡緣。毛晉館甥，讀書汲古閣歷十餘年。能詩。
〔註6〕陸貽典，字敕先。號覿庵。常熟藏書家。師錢謙益，友馮鈍吟。毛斧季之婦翁。篤志墳典，學問有原本。
〔註7〕黃丕烈（1763～1825），字紹武，號蕘圃。晚號復翁。江蘇吳縣人。大藏書家。乾隆舉人，嘉慶時官兵部主事。旋歸里。黃精版本目錄、勤校勘、多題跋，與顧廣圻并稱『黃顧』，顧嘗為其校書。黃刊有《士禮居叢書》。今人編有《黃丕烈書目題跋》。搜集最全。
〔註8〕周錫瓚（1742～1819），吳縣人。原名曰漣，又名仲漣。字漪堂，號香（薌）嚴居士。富藏書，能校書。段玉裁、顧千里多從借書。

附錄二：傳記四則

王峻撰《清故文道先生墓誌銘》

　　吾吳昔多博聞好古、砥節勵行之碩儒。本朝百年來，位不大而名最著者，則有義門何先生（1661～1722）。何先生及門無慮數百人，其最相契如晦翁之於蔡季通，呼為『老友』者，是為少章陳先生。自何先生歿後，先生獨以名德見推為中吳文獻之重輕者，幾三十年。乾隆十二年十月十三日，以疾卒於家。典型凋謝，遠近為之嗟嘆。卜葬有日，故入門弟子咸謂先生有道而文，宜按古私諡之義，諡曰『文道先生』。其孤具狀徵銘於余。按狀：先生諱景雲，少章其字。先世家常熟，代有聞人，所謂河東陳氏也。自曾大父天麟，始遷郡城。大父明義，喜藏書，深禪理。多與明季遺民故老游。父治昌，慷慨尚義，拯人之急。母朱孺人。先生生而穎異。初就塾時，同塾諸兒所課，皆能背誦。年十七，睢州湯文正公撫吳試士，拔置第一。十九，從義門先生游，益講求通儒之學。窮究經史，晝夜無間。學遂大殖。父喪服闋，補吳江縣學生。康熙癸酉（三十二年 1693），試京兆《國朝先正事略》卷三十三：應順天鄉試不售，而歸。再至京，館藩邸三年，復辭歸。時年甫四十（康熙四十八 1709），以母老遂絕意宦游。後藩邸再遣使敦促，漕帥赫公命淮安守造廬延請，皆堅謝不赴。此先生出處不苟之大略也。其為學如飢渴之於飲食，終日丹鉛不離手。凡經史四部書，從源及委，貫串井然。地理制度，考據尤詳，下及稗官說家，無不綜覽，而尤深於史學。早歲，溫公《通鑑》略能成誦，前明三百年事，談之更僕不倦，若身列其間，能剖決其毫芒得失者。為文章簡嚴有法。所著有《讀書紀聞》十二卷、《綱目訂誤》四卷、《兩漢舉正》五卷、《國志舉正》四卷、《韓集

點勘》四卷、《柳集點勘》四卷、《文選舉正》六卷《清碑傳集》卷一三三、《國朝
耆獻類徵》初編、《國朝先正事略》並作《文選校正》三卷、《通鑑胡注舉正》十卷、《紀
元要略》二卷、《文集》四卷,皆能有功前哲,嘉惠後來。其他少時帖括之文
及應聘所修《通志》等書,非先生所留意,故不復紀也。性孝友。居父母憂,
每慟輒絕。歲時祭享,必涕泗沾衣。與人交,有始終。外和內剛,不因人熱。
所居老屋數楹,朝虀暮鹽。人不能堪,處之怡然。晚歲,名益高,迹益晦,終
年杜門,足不踏塵市,蓋先生視世絕少可語,世亦鮮知之者。所謂不食之碩
果,讀書之種子,豈與世之工鑿枘營華膴者,爭一時之得失哉?享年七十有
八。配吳孺人,吳江兩司寇後諸生景槐女。劬躬守約,奉姑至孝。雍正十年先
卒,年五十。子男二:昇,長洲縣學生。黃中,吳縣學生,入國子監。女一,
歸國子生張爾樸。孫男四:慶曾、文雍、文寬、慶餘。以十三年正月廿四日,
葬於吳山北麓之新阡。奉吳孺人祔。

　　黃中為人耿介,博學有文,為先生克家子。以余不能取容當世,顧獨重
焉。余雖不獲親炙先生,然與其子交深且久,遂不敢以不文辭。

　　銘曰:惟道與文,立德立言。於時不偶,於古獨肩。彼富貴者,磨滅忽
焉。先生有書,後世永傳。吳山之麓,鬱鬱新阡。我銘幽宮,徵在萬年。虞山
後進王峻頓首拜譔。

　　　　　　　　　　　　——《韓集點勘》卷末(亦見《王艮齋文集》四)

沈廷芳譔《文道先生傳》

　　先生諱景雲,字少章,吳中人也。世為常熟名族,稱河東陳氏。曾祖天
麟,始遷郡城。祖明義,明季避寇尹山,偕里中李灌園侍御、遂寧李如石明
府,結蓮社之契,號稱長者。父治昌,慷慨尚義。

　　先生自幼善讀書,就傅吳太守綺家。太守奇之。嘗舉同塾兒所課,輒能背
誦,蓋已耳熟之矣。稍長屬文,宿儒器重。湯文正公斌巡撫江南,試士拔置第
一。繼從何學士焯講求通儒之學。學益大殖。學士嘆曰:『昔朱晦翁呼蔡季通為
老友,余愧晦翁,而子實季通也。』尋補縣學生。康熙癸酉,應京兆試,假館
王文靖公熙第。諸公重其名,咸願與交。先生峻謝,不事投謁。既不售,歸。
再至京館藩邸,以道自重。三載,復辭歸,以母老不出。藩邸再遣使敦促,漕
帥某公命淮安守造廬延請,俱弗赴。乃益窮究經史,參互考訂。丹黃甲乙,寒
暑罔間。其汲汲於學,猶水火之於人,不可一日缺。凡古今載籍,洞悉源委,

貫串靡遺。於地理、典制，尤極研晰。即丁字部書，莫不關覽。於前明事跡，更若身列其間，燭照而數計也。為文精核而有體要。著《文集》四卷、《讀書紀聞》十二卷、《綱目訂誤》四卷、《兩漢舉正》五卷、《韓、柳點勘》八卷、《羣經刊誤》四卷、《文選舉正》六卷《清碑傳集》改作《文選校正》三卷、《通鑑胡注舉正》十卷、《紀元要略》二卷，皆能發前人之覆，為後學津梁，有何學士所不逮者。學士每以疑義問先生，先生曰：『是出某書某卷第幾頁幾行』，閱之無不合。問輒如響應，以是服其博聞強識云。秉性孝友，與人以誠，外和而內剛，名高而跡晦，為江左儒林之宗。晚歲，杜門足絕城市，朝野望之歸然。既卒，故人門弟子徵貞曜文表《清碑傳集》改作『通』之義，私諡曰：『文道先生』。

贊曰：國朝通儒，首稱顧徵君炎武，厥後江表文獻，獨推先生。蓋有道而能文，實徵君之伯仲也。余少慕先生，及與其子黃中舉詞科，得聞先生論議，益嘆其學之閎深。黃中學行超卓，有國士風。古稱：碩儒有後。其信然哉，其信然哉！年家子仁和沈廷芳拜譔。

—— 《韓集點勘》卷末

沈廷芳　文道先生行略

文道先生諱景雲，字少章，吳中人也。母為常熟名族，稱河東陳氏。曾祖天麟，祖明義，父治昌。先生從何學士焯講求，學士嘗以朱晦翁自愧蔡季通許之。既卒，門人私諡曰『文道先生』。贊曰：國朝通儒，首稱顧徵君炎武，厥後江表文獻，獨推先生，蓋有道而能文，實徵君之伯仲也。其子黃中，亦有國士風。於沈廷芳譔《傳》中錄出。

—— 《絳雲樓書目》卷首

陳景雲傳

字少章。博聞彊識，能背誦《通鑑》。年十七，湯斌撫吳，試士拔第一。應京兆試，不遇。館藩邸三年，以母老辭歸，遂不出，以諸生終。少從焯遊。焯歿，獨繫吳中文獻幾二十年。著有《讀書紀聞》及《綱目》。《通鑑》、兩《漢書》、《三國志》、《文選》、《韓》、《柳集》皆有訂誤，共三十餘卷。《文集》四卷，亦簡嚴有法。

—— 《清史稿‧何焯傳附景雲傳》卷四八四　頁13369